# 商业进化力

## 寻找新质逻辑

刘 萌 ◎著

中国商业出版社

**图书在版编目（CIP）数据**

商业进化力：寻找新质逻辑 / 刘萌著. -- 北京：中国商业出版社，2024.9. -- ISBN 978-7-5208-3083-6

Ⅰ．F71

中国国家版本馆 CIP 数据核字第 2024YV4941 号

责任编辑：杨善红
策划编辑：刘万庆

中国商业出版社出版发行
（www.zgsycb.com 100053 北京广安门内报国寺 1 号）
总编室：010-63180647　编辑室：010-83118925
发行部：010-83120835/8286
新华书店经销
香河县宏润印刷有限公司印刷

＊

710 毫米 ×1000 毫米　16 开　14.5 印张　185 千字
2024 年 9 月第 1 版　2024 年 9 月第 1 次印刷
定价：88.00 元

＊＊＊＊

（如有印装质量问题可更换）

谨以此书
致敬每一位革新者、创造者和奋斗者！

/ 推荐序 /

**不确定时代企业需要浮动的避风港**

《商业进化力：寻找新质逻辑》这本书介绍了两种发展哲学：一种是长期处于低水平循环形态；另一种是引入生物学思考模型，在持续的系统改良当中，实现如物种和生态圈一样的持续进化。具备持续进化能力的企业和产业生态，我们就认为是具备商业进化力的。

本书谈及了社会进步的普遍演化力量，整个社会经济都在生态系统逻辑之下，构建更好的改良型社会，这是社会发展的最大趋势。而社会经济的发展，必然离不开商业的发展。因此，本书作者就将视角聚焦于商业领域的进步和演化，围绕三个核心点展开论述：以人为本，重构人与人之间的关系；重建组织结构，在体制和规则层实现组织再造和管理创新；发展新质生产力，培育具备生存优势的应用科技生态。

同时本书述了商业文明运作的第一原则，即以客户为中心展开所有的商业活动，企业和商业组织是由市场和客户群体定义的，这里涉及了社会经济权力转移的问题。正如生物进化理论"适者生存"一样，对于市场具体需求场景变化的适应性，才是企业参与商业竞争的本质，而表现出的同步适应市场的能力，就是商业进化力。

在作者的基础假设中，即使一个企业拥有看似稳固的市场地位，也需要时刻关注与市场需求的对齐，在描述案例的过程中，列举了很多最终被自己的客户抛弃的强大企业。这说明，对需求的适应性早就开始主导市场行为了，因此，再大的企业也需要将自己定位为"服务生"的角色去服务客户，否则迟早被客户抛弃，响应客户需求成为商业组织进化的基础行为。内部目标不再是价值之锚，客户定义的价值才是企业基业长青的密码，追求消费金融、铁军思维，都是短期行为，物种定位和行为模式才是更底层的思考。

这个基础假设，也是构建商业进化力的源泉，即承认企业的核心权力已经转移到用户手中，用户市场本身就是商业环境本身。而用户市场又是变化和移动的，因此，满足客户需求是一个动态瞄准的过程。按照作者的描述，"不确定时代企业需要浮动的避风港"，客户在哪里，企业的资源就应该分布在哪里。外在决定内在的进程，主导了一切商业行为。

"浮动的避风港"是一个很具象的描述，对于读者来说，很容易理解。而在港内如何构建和积累企业核心竞争力，本书做了非常详细的描述。

在适应性基础上构建有竞争力的商业生态，是作者对于商业实践的完整描述。作者认为，在当下的商业环境中，最基础的经营单元不再是一个企业，而是一条完整的价值链，在价值链上需要实现企业能力、供应链、需求场景和管理能力的多元配齐。而作为整个价值链的管理者，需要维护的是整个价值链的整体竞争能力。正如一个完整的生物体，需要将营养物质分配给身体的所有器官，来实现机体的健康运行。

在作者的描述中，多次提及"校友经济圈"和商业信用问题，并展开对建立在此基础上的经济生态建设的讨论。对此，我认为切中了商业生态协同进化的要害。信用和信任是商业文明的基础，事关整个生态经济的运营成本，一个运营成本高企、缺乏信用的经济体，终究无法让企业之间形成完整的生态，无法实现生态圈协同进化的格局，无力应对变化。本书的一个非常重要的管理创新观念就是，构建诚信的协作网络和合理管控市场成本。具体的就是从客户心智出发，构建品牌和客户承诺，同时对包括企业供应链在内的整个价值链进行管理，来达到缩减企业成本的目的。如此形成一个遵循构建一个完整生态圈的逻辑去建立一个企业生态管理集群。

新的核心竞争能力也需要重新定义了。作者非常关注"生态竞争能力"。生态竞争能力是在企业核心竞争能力基础上逐步积累起来的，这是一个复杂多元的演化过程。作者描述了斯坦福大学的校友经济圈对于美国硅谷创业文化的战略影响，如果将整个硅谷看作一家企业，我们就能够从生态竞争能力看到多元核心竞争力。这种多元核心竞争力的叠加态，形成了独特的创新产业体系。

作者除了关心企业，还关心企业的上位结构，并在书中用更多的文字描述了这种上位结构。企业上位结构系统对于组织经营的影响，使得协作生态和共同进化变为企业面向未来的外部资源协调模式。

企业组织拥有的这种通过持续变化来适应市场的能力，就是商业进化力。如果一个商业组织能够和自己的客户一起（必须在一起）创造全新的需求，那么这将是商业进化史上的一个飞跃性事件。

本书的写作核心，是从进化连贯性的视角来看待企业的变革和经营的。此外，作者也探讨了企业过早僵化的问题，本书的诸多案例描述显示，有些企业在只有三个人的时候就僵化了，有些企业在有三十个人的时候开始僵化。以此类推，像比亚迪这样的企业，从一开始，只是一个半机械半手工的电池制造企业，经过漫长时间的发展，企业不断拓宽行业相邻的领域，占据一个点，连成一条线，填满一个面，不断做深做精做大做强，使其最终发展成为一家拥有60万人的大企业。比亚迪背后的进化逻辑，是可以进行深度复盘的，其发展史，其实就是一部连续的商业进化史。

在这些不断生长的大型企业中，对其进行任何单一资源元素的权重分析，都会偏离本质。我们分析企业的案例，应该看到的是企业的整体流动性，任何单点都需要放在一个向前移动的生态系统里去看、去分析。

商业社会是现代社会运行的主逻辑，本书通过深入浅出的文字，做了系统的描述，其中尤其详细介绍了企业的进化。企业为什么要进化呢？原因就是产业节奏的加快，在今天的标准消费品市场，产品寿命很短，这加大了企业经营风险，企业需要在快节奏的市场环境中进行快速演变来适应市场，建立新的概念和原则，从而实现长久的存活和发展。

是为序，推荐阅读。

360 公司创始人　周鸿祎

2024 年 6 月 6 日

# / 前言 /

## 进化是基业长青和持续创造的密码

基业长青是所有企业家的梦想，而持续的创造需要不断被赋能。在商业高度发达的今天，平衡和突变总是交替发生，这是生物进化的逻辑，也是技术工程进化树的一般规律，甚至是社会经济发展的一般规律。

量变类型的生产力和质变类型的生产力都是进步的力量，但质变带来的新质生产力进化，是中国面向未来的进取之道，也是企业寻求价值突破的主要路径。

1765年，詹姆斯·哈格里夫斯发明了"珍妮纺织机"，第一次工业革命的导火索被点燃。

珍妮纺织机的发明首先在英国棉纺织业掀起了一股发明机器、推动技术革新的浪潮，紧接着，行业内陆续涌现出了骡机、水力织布机等更为先进的设备。正是在这一重要历史背景下，瓦特对第一台具有实际应用价值的单动式蒸汽机进行了改良，并成功注册了发明专利，而后将其商业化。随后，许多其他工业领域也逐渐引入了机器生产，传统的手工作坊逐渐被取代，工厂兴盛起来，世界工业革命的序幕由此拉开。

第一次工业革命的"魔法棒"是机器和蒸汽动力，这两样东西是此后工业方面一切创新、转型、跟随和学习等进化策略的技术基础，在此之后，到第二次工业革命电力的发明为止，期间没有任何一项机器的发明或蒸汽

**商业进化力**：寻找新质逻辑

动力的改进和应用可称为"革命"，直到颠覆性的"魔法棒"——电力的发明，才又引发了第二次工业革命，因为电力像第一次工业革命的机器和蒸汽动力一样，使企业的创新和转型上了一个巨大的台阶。

人类工业革命的进程，展示了一种明确的从替代人类四肢到试图取代人类大脑的演变顺序。工业革命之初，机械化逐渐广泛取代了人力在体力工作中的角色。在之后不久的第二次工业革命中，创新的电力能源体系提供了更优质的能源解决方案，取代了人类"五脏六腑"的能量体系。第三次工业革命则转向了人的社交和智力领域，机器开始在信息获取和社交互动中扮演更重要的角色，朝着智能化方向发展。到了第四次工业革命，焦点直接对准了人类的智慧本身，旨在通过机器智能超越人类智能。这种发展趋势无疑指向机器智慧与碳基生命智慧的竞逐，并且这一趋势的发展速度当下正在不断加快。

每一次工业革命都是由革命性的发明引起的，同时开启了商业进化的时间窗，给所有企业都加上了一股巨大的进化压力和引力——压力是淘汰的力量，引力是进化的奖励。因此，历次工业革命都让市场竞争变得更激烈，技术更新换代速度加快，消费者的需求越来越多样化、个性化，同时所涉及国家的法律法规、政策也在随之调整。这个过程，与自然界的生态环境的演变和进化类似。

那么，企业不走进化路线行不行呢？当然不行，因为其代价就是各种各样的不进化的"惩罚"——市场份额缩水、利润率下跌、品牌价值缩水、创新力下降、人才流失、适应能力减弱、资本市场表现不佳、落后于行业标准等，最重的惩罚就是企业的灭亡——它的进化时间窗被关闭了。

在第一次工业革命期间，那些能够利用蒸汽机和新机械化生产方式的企业，成功地完成了从手工作坊向工厂制度的转型；第二次工业革命，那些迅速适应电力化生产和批量生产模式的企业得以生存并蓬勃发展；第三次工业革命，积极采纳计算机技术、自动化和网络技术的企业领跑于进化的前列；而在当前进行中的第四次工业革命，那些主动适应智能化转型的企业，将赢得未来的繁荣。

随着第四次工业革命的全速前进，我们当下正站在一个关键的加速进化时间窗中。企业各自的情形不同，因此属于自己的进化时间窗也不同。在这段时间里，如果企业未能完成必要的进化，或没有持续地进化，那么就会造成企业利润下滑、经营受阻，最终致其消亡。如今，许多产品和服务——如胶卷、DVD等——已经消亡了，而那些曾经生产这些产品的企业，也都早已转型或不存在了。

数智经济时代，各种组织都面临着前所未有的进化考验。商业的进化，先从人头脑认知的进化开始，因此可以说企业的进化——创新、应用、跟随、转型和发展——其实是人大脑认知的进化，而企业能进化到什么程度，也多半取决于企业主导者的视野和认知。

商业世界很像自然界中的大型生态系统，每一家企业都是这个生态系统中的一个生物种类。通过深入了解生物是如何进化的，我们就能更好地理解企业是如何通过不断创新和适应来保持自己在这个商业生态中的竞争力和活力的。

商业世界的进化速度，是生物进化速度的光速版。企业家和员工们，在他们的有生之年，就能亲眼见证自己的企业是如何不断进化或者是如何被时代的浪潮所淘汰的。

本书旨在深入探索商业进化的内在原理和实践路径，为读者，特别是孜孜不倦的企业经营管理者和奋斗不息的创业者，提供在数智经济时代持续成长和创新的策略与思路。

书中内容结构分为三大部分：首先，我们探讨商业进化的理论基础，包括生物进化与商业进化的相似性和差异性，以及数智经济下商业进化的

**商业进化力：**寻找新质逻辑

特点和重要性。其次，在进化的实现部分，我们深入分析了推动商业进化的动因、企业在商业进化过程中面临的挑战，并提出了具体的策略和解决方案希望帮助企业克服挑战。最后，通过对一系列成功案例的讲解，展示了企业是如何在实践中成功应用这些原理和策略来实现持续的进化和成长。

丰田管理方式创始人大野耐一说："昨天最好的做法，就是今天最坏的做法。"遵循需求带来的价值之锚，主动变化，寻求突变，成为下一个时代企业进化的行动哲学。

希望通过阅读本书，读者能够更好地理解商业进化的原理，掌握在数智经济时代推动企业持续进化和创新的有效方法。其实无论是企业家、管理者，还是对商业策略和数字经济感兴趣的学者和学生，甚至每一位芸芸众生，在读了本书后，相信都能从中获得一些启发。

2024 年 6 月 19 日

/ 目 录 /

| 上篇　逻辑演绎

### 第一章　从生物进化看商业进化 / 2
生物进化的底层原理 / 2
对比生物进化与商业进化 / 10
进化失能的诱因分析 / 19
商业进化的动因和动力 / 26
克难、聚焦和贯通，商业进化的六字经 / 32

### 第二章　数智催生的商业进化 / 36
商业黑洞与死亡陷阱 / 36
数字化转型的背景与动因 / 42
可持续发展下的模式升维 / 47
数智时代的进化驱动因素 / 52

### 第三章　解析商业进化之道 / 54
变革企业组织结构，适应新时代商业需求 / 54

提升战略领导力，塑造灵活性与创新文化 / 59
培养高效能团队，实现协同合作与知识共享 / 64
数字化商业模式，创造新兴技术的应用场景 / 68
优化产品与服务，驱动数据决策与业务洞察 / 74

# | 中篇　进化的实现

## 第四章　技术驱动变革商业机会 / 80
数字转型的技术创新：发展新兴技术 / 80
人工智能的商业应用：提升自动水平 / 84
云计算的大数据分析：支持实时决策 / 90
去中心化的区块链：改变信任机制 / 94
物联网的工业 4.0：实现高效生产 / 99

## 第五章　全生命周期管理企业组织 / 104
变革与组织重构：实现流程优化 / 104
创新与文化营造：鼓励风险试错 / 110
学习与知识管理：重视持续分享 / 114
绩效与效能评估：建立有效机制 / 117
领导与员工参与：推动变革行动 / 121

## 第六章　注重信息交互和商业洞察力 / 125
收集与整合：建立全面数据基础 / 125
分析与挖掘：提升洞察预测能力 / 129

交互与共享：促进内外知识流动 / 133

过程与结果：优化智能决策支持系统 / 138

管理与治理：打造数据安全多维保障 / 142

## 第七章　提高供应链快速响应能力 / 149

可见性提升：实时监控与信息共享 / 149

设计与规划：应对市场与需求波动 / 153

协同与合作：建立共享与伙伴网络 / 158

物流与配送模式：提高效率与响应速度 / 162

风险与应急预案：应对突发与不确定性 / 166

## 第八章　基于客户心智的客户关系 / 169

洞察需求行为变化 / 169

打造卓越个性体验 / 175

塑造企业价值形象 / 179

利用社交媒体互动 / 184

建立长期忠诚关系 / 188

# | 下篇　成功案例

## 第九章　企业组织进化探索 / 194

农夫山泉：通过"专属改革"突破发展瓶颈 / 194

美的：通过"组织进化论"推进不断变革 / 197

华为：沿着"点线面体"实现持续升维 / 202

娃哈哈：从传统制造到数字化转型 / 205

腾讯、滴滴、快手：开启新一轮组织变革 / 208

## 跋　社会发展的本质是人的进步 / 211

# 上篇
## 逻辑演绎

# 第一章　从生物进化看商业进化

## 生物进化的底层原理

一

自然界的进化规律，是以千万亿个全向试错成就一个成功的物种，因此成功的物种都是建立在一连串的意外和更加适应环境的基础之上的。生物界不能反思自己，但人类可以，优化选择和接受更加美好的意外发生，是人类进步的本质。

地球上最早的生命形式是单细胞生物，它们大约在35亿年前的海洋中诞生。在这些35亿年前的无数单细胞生物里，其中之一就是现在的你或我的祖先，并且自35亿年前这最早的原生代祖先起，以及之后的你或我无数代祖先当中，没有一个在产生后代之前死去，否则今天的你、我、他就不存在了。

如果极保守地假设一个人的历代祖先每35年才产生下一代，则排在这个链条上的历代祖先生殖细胞至少有1亿个。放眼望去，这条由各类千奇百怪生殖细胞构成的遗传链，其实就是一条进化链，各代生殖细胞曾经是进化链上不同物种的身体中的细胞，直到30万~35万年前，离我们最近的上万个生殖细胞才居住在历代人类祖先的身体之中。每一次进化革命，都是基于前一次革命的继承和再演化。

而除人类以外，当今其他任何生物（无论是细菌、植物或动物）的遗传链，也和人类的遗传链一样，从35亿年前的远古延展到今天，展示着35亿年来不同生物的进化史。所有当今生物的遗传链，汇集成了一条绵延古今的进化大河，孕育出了今天我们所见的丰富的生物多样性：繁茂的植物、多样的真菌和形态各异的动物。

## 二

回看如今各类生物35亿年来的进化之河，不得不感叹进化的力量如此伟大。从35亿年前生命诞生，经历5亿多年前寒武纪生物多样性的大爆发，到2500万年前哺乳动物的多样化扩展，直到今天，在这漫长的历史进程中，两个最关键的生物底层进化原理，自然选择和遗传变异，发挥了最重要的作用。

优势是不断积累的，眼睛的进化就是一种普遍进化规律。要有光，要能够感受光，这是一种普遍的生物进化革命。动物从几个感光细胞开始，进化出了达尔文都无法解释的视觉精巧结构，这是进化革命，也是生命大爆发的背后逻辑。现在人类的信息革命和寒武纪信息革命相比，不具备普遍性，唯有智能革命，才可能是和眼睛一样媲美的行星级的范式革命。

自然选择，是自然界的考试体系，生物进化的限制和筛选条件，也是生物面临的各种进化压力的集合，涵盖"性选择"和"生存竞争"，其作用结果是"适者生存"——"不适者灭亡"。在那些灭亡的"不适者"中，既包含业被淘汰的物种，也包含"赢家"物种中很多无法生存到生育期的个体。

具体而言，生物界的自然选择可以从进化压力和自然选择机制两个维度来观察。

生物眼睛的演化，成功强化了进化压力，加快了物种演化的进程，是自然选择的动力来源，包括多种形式：资源竞争，捕食与被捕食的关系，繁殖的挑战，环境适应，病原体与寄生物的威胁，社会互动的复杂性，气候变化的不确定性以及遗传变异带来的影响。这些压力构成了生物进化的复杂背景。

进化压力既包括正面的推动力（奖励），也包括负面的制约力（惩罚）。正面压力，或称为奖励，是动力，指的是当生物进化出某种新的能力或特性时获得的优势。例如，鸟类进化出了飞翔能力，这不仅提升了它们的生存能力，也为它们带来了对地面生物的绝对优势。老鹰能够从空中发现并捕捉地面上的猎物；猫头鹰进化出了夜视能力，能够在夜间有效捕食。这些都是进化过程中的"奖励"。

负面压力，或称为惩罚，发生在生物未能进化出必要的能力或在面对其他生物的优势时。例如，夜间活动的老鼠会成为猫头鹰的猎物，而那些速度不够快的猎豹会面临饥饿的威胁。这些情况展示了未能适应环境或竞争要求的后果。

## 三

自然选择的进化压力具有一个显著特点：它对所有生物施加的压力是持续变化的。这种持续的变化首先表现为进化压力的不断增强，即使环境和气候保持不变，进化压力也在增加。进化压力之所以持续增加，原因之一就在于物种多样性和数量的不断增长。例如，一个环境条件良好的地区，随着生物数量的增加，生存的竞争压力自然上升。

竞争的不断变大也是进化压力增强的一个重要因素。为了应对自然选择的挑战，所有生物的竞争能力都在逐渐增强。猎豹的奔跑速度、羚羊的逃跑能力，乃至某些动物进化出的飞行能力，以及植物进化出的各种适应环境的能力，都是竞争能力提升的体现。这种能力的不断增强使得生物间的竞争更加激烈，进而加剧了进化的压力。

导致进化压力持续增加的原因，是进化的时间窗口开始变得越来越有限。以恐龙大灭绝为例，当生物面临极端环境变化时，可用于适应和进化的时间非常有限。如果在这短暂的时间内无法完成必要的进化，生物便面临灭绝的危险。因此，随着进化压力的持续增加，留给生物进化的时间窗口越来越窄。

环境的不断变化也是引发进化压力变化的重要原因。地球环境在过去35亿年中经历了无数次大大小小的变化，而每一次的环境变化都为生物进化提供了新的挑战和机遇。这些环境的变化迫使生物必须不断适应和进化，以应对不断变化的生存条件。

除了进化压力会持续变化且不断增加的情况外，在某些时候，这种进化压力甚至会加速增加。加速的原因之一是环境的快速变化，如大灾变或环境剧烈变动，这时生物面临的进化压力大幅增加，进化的时间窗口相应变得极其有限。例如，6500万年前的白垩纪—第三纪灭绝事件，导致了包括恐龙在内的许多物种灭绝，极大改变了地球的生物多样性格局。

加速进化压力增加的原因是物种的入侵，如外来物种的引入通常会对本土物种构成严重威胁，如欧洲兔子在澳大利亚的引入，不仅改变了当地的生态平衡，还导致了一些本土物种的数量减少。这些极端事件加速了生物进化压力的增速，迫使生存下来的物种要快速适应新的环境条件。

## 四

自然选择，既包括进化压力，也涵盖了选择机制。

对于选择机制而言，首先，选择意味着要使得某些生物能够生存至繁殖期，而非一定要活到生命的晚年。关键在于能否成功生育后代；一旦完成繁殖，生物个体的存活就不再是自然选择关注的焦点。例如，虽然苍蝇和蚊子在生育后代后会即刻死亡，尤其是公蚊子，但它们的死亡并不会使物种灭绝，反而有利于物种的延续。

自然选择是通过淘汰弱者，即不允许那些因能力不足、受伤或资源竞争等原因未能达到繁殖期的生物存活下来。

选择机制是性选择，如孔雀雄性通过其鲜艳的尾羽吸引雌性，这些尾羽不仅是生存能力的象征，也是遗传优势的标志。

还有其他非正统，但实际存在的选择机制，如体形选择和力量选择。在恐龙时代，体形较大的生物更易获得优势，如霸王龙凭借其强大的咬合力和力量，成为顶级捕食者。另外，敏捷性选择关注的是移动速度快或对环境压力有较好适应能力的生物，表现出的是更强的生存和繁殖能力。例如，猎豹以其惊人的加速能力和高速奔跑，成为非洲草原上非常有效率的掠食者。

总之，自然选择既是各种进化压力的集合，还包括了多种选择机制。

五

生物进化的两大底层原理包括自然选择和遗传变异。

其实更准确地说，遗传变异，实际上只是生物对自然选择的一种响应方式，是众多进化策略之一。

换言之，生物进化的底层原理，实际上包括自然选择和各种应对自然选择的进化策略两个方面。

生物的进化策略多种多样，包括适应、转型、后天成长，以及遗传变异和后天性状的遗传。

生物首先通过适应来面对进化的压力。适应的方式大致可以分为：生理适应，如对环境和食物的适应；生存方式的适应，如果用商业术语来描述，生存方式即生物的"商业模式"。换句话说，每种生物都有自己独特的"商业模式"，即一种适应环境的生存方式。这些策略既包括个体生存方式，也包括群体的生存方式，如群居方式和共生方式，可以被看作群体的生存方式。

生物适应的方式是生态适应，它包含了所有生物的生存方式，即所有生物的"商业模式"的组合和匹配，共同构成了一个相互作用的生态系统。这是一种广泛的适应策略，体现了生物多样性和生态系统复杂性的本质。

## 六

生物进化的首要策略是适应，紧随其后的则是转型。

生物的转型可以类比于商业社会中遇到的重大变革，如工业革命、农业革命或认知革命，这些都引领了人类社会的巨大转型。

同理，在生物35亿年的发展历程中，所有生物同样经历了几次关键的转型。

首先是化学转型，即从非生命形式到生命形式的根本变化，即生命的起源。接着是生命形式从原核细胞（没有细胞核的简单生物）向真核细胞（具有细胞核和其他细胞器的更复杂生物）的转型，这标志着生命形式的显著复杂化。

接下来的转型是多细胞生物的出现，多细胞生物可以看作由细胞组成的"企业"，其中细胞之间的联系比一般企业组织更为紧密，彼此互相连接，共同形成一个统一的生物体。

进一步的转型涉及植物与动物的分化，多细胞生物朝着植物和动物两个不同方向转型发展。

生物界的生态环境之所以呈现出如此的多样性，很大程度上是由于生物经历了多方向的转型。陆地转型是一个典型例子，许多海洋生物开始适应陆地生活，从而开辟了全新的生存空间。例如，两栖类动物就是在陆地转型过程中的杰出代表，它们的祖先从水生生活方式转变为能够在陆地上生活，发展出了肺呼吸等适应陆地生活的生理结构。这种转型不仅扩展了它们的生活领域，也为进一步的生物多样性发展奠定了基础。

同样，一些生物转向天空生活，将飞行作为它们进化过程中获得的奖励，这大大增加了它们的生存优势。

鸟类是天空转型的杰出例子，它们的祖先是恐龙，通过漫长的进化过程，发展出了羽毛和翅膀，从而拥有了飞翔的能力。飞行不仅让鸟类能够快速移动寻找食物和栖息地，还使它们能够逃避地面上的捕食者，显著提高了生存率和繁殖成功率。这些天空转型的生物通过获得飞行能力，成功地探索了新的生态位，进一步丰富了生物界的多样性。

对于人类而言，最重要的转型是智慧的转型。智慧的转型并非人类独有，许多其他生物也展现出了智慧的迹象。例如，海豚以其卓越的社会化行为和解决问题的能力而闻名；大猩猩使用工具和具有简单的交流系统；乌鸦能够制造和使用工具来获取食物。然而在人类身上，智慧的转型过程更为深刻和显著，它不仅仅体现在工具使用或社会行为上，更在于语言的发展、复杂社会结构的建立以及对科学、艺术、哲学等领域的探索。人类的智慧转型开启了文明和社会的发展，使我们能够构建复杂的文化、发明技术革新，并成为世界上唯一能够创造近代商业并推动其不断进化的物种。

七

除了适应和转型，生物的进化过程还包括后天成长，这可以视作一种主动的进化策略。在这个过程中，所有生物都通过后天的努力来实现成长和适应。

以猎豹为例，它们通过极速奔跑提高捕猎效率，而羚羊则通过同样快速的奔跑来逃避捕食。同时，一些动物，比如树栖的灵长类，通过攀爬树木来逃避地面上的捕食者，而山羊等动物则能够熟练地在崎岖的山岩之间穿行，这些都是后天努力适应环境的具体表现。这种后天适应不仅体现了生物对环境的即时反应，也通过某种机制间接影响了它们的遗传特征，使这些适应能力得以在后代中得到传承和累积。

另一种进化策略是遗传变异，它在生物进化过程中扮演了一种主动角色，即其后天最成功的成长进化以某种方式被记录到遗传物质的变异之中而传递给后代。现在仍有许多人将遗传变异视为一种被动机制，即认为它的发生是随机的，并将所有无法用随机变异解释的生物复杂性归因于三个因素：海量的进化实例基数、无限的进化时间，以及稳定的生存环境所施加的恒定选择压力。然而，这三个假设在自然环境下其实并不成立。

首先，不存在为生物进化准备的海量进化基数。最明显的例证是，在食肉动物和食草动物的世界里，并不存在无限的进化实例基数，因为食肉动物的数量必须远少于其猎物的数量（老虎的数量必须显著少于其猎物），同样，食草动物的数量也应远少于自然界所能提供的植物资源（熊猫的数量必须远少于可供食用的竹子数量）。

其次，无限长的进化时间否定了时间窗。但实际上因为时间窗的存在，无限长的进化时间也不存在。生物以世代为单位进化，越是高级生物的世代就越长，生育年龄越大，在进化时间窗允许的时间内进化的次数会越少，所以根本不存在无限长的进化时间。

最后，恒定的环境造成的不变的选择压力，这也是不成立的，这在前面已经述及，进化压力是持续增加的，并且在许多时候还是加速增加的。

此外，遗传变异其实应与第五种进化策略，即后天性状可遗传相结合。如果没有这样的机制，生物的许多高级机制是不可能在有限的时间窗内以随机的方式进化出来的。

例如，人脑的 50 多个脑区能各自展现出独特而复杂的模式，可被视为 50 多种不同的"大模型"。其实人类进化的时间窗相对较短，约 600 万年，因为人类是从一群古代灵长类动物进化而来，人类与现存非洲大猩猩和黑猩猩最近的共同祖先就生活在 600 万年前。而人类在 30 万~40 万年前才出现。那么在这600万年左右的时间内，人类的脑部如何能够"随机"进化出这些复杂的大模型呢？特别是在智慧发展带来奖励的背景下，为什么其他动物没有形成类似复杂的大模型呢？另外，不仅是在人类中，其他生物中同样存在着高度发达的运动控制脑区，也是非常复杂的大模型。那么，单靠有限时间内的"随机"进化，世界上千百种复杂的大模型是如何进化出来的？其实就是靠"后天最发达的成长成果能以某种方式发动遗传变异而获得遗传"这一创新机制。

八

我们投入了大量篇幅来探讨生物进化的底层原理，这些原理对于理解商业和企业进化具有极大的启示意义。许多商业进化中的原理与生物进化的底层原理相似甚至相同，但相比之下，商业进化比生物进化的策略更丰富。

# 对比生物进化与商业进化

一

生命是一种熵减，这是量子物理学家薛定谔的观点，任正非和张瑞敏都将企业看成是一个整体的生命，企业的经营努力，就遵循着生命演化的规律，努力活着，更新"器官"，更新"细胞"，将赚取的资源转化为生存优势，形成新的内在秩序，获得核心竞争力。

商业进化与生物进化在本质上有着相似之处。生物进化是通过自然选择机制进行的，相应地，在商业进化中，这一机制被市场选择所取代。生物进化依赖于遗传变异来促进生物种类的多样性和适应性，而商业进化则是通过各种形式的进化方式，创新、跟随、转型来实现。

商业进化原理中的市场选择，相当于生物进化中的自然选择，也是各种进化压力的集合，这些选择压力和生物的进化压力一样，是持续变化且不断增加的。

为什么商业进化的压力会持续增加？原因有三：第一，随着企业数量的增加，竞争者变得越来越多；第二，各个企业随着时间而进步，竞争能力不断提升，进一步增加了商业进化的压力；第三，商业进化的时间窗极为狭窄。

商业进化所面临的压力持续增长，这一点与生物进化极为相似。不仅如此，商业进化的压力还在某些关键时期加速增加，如人类历史上的重大转型期和各次工业革命。这些时期通常伴随着非常重大的创新技术的诞生，使得进化压力在这些时间段内显著增强。非常重大的革命性的创新不仅推动着每一次工业革命，也为后续的创新提供了平台。例如，第三次工业革命的数字化，编程软件的发明便是一个典型的创新平台，它使得广泛的编程和创新成为可能。又如，第一次工业革命，机器的概念成为创新的平台，引发了机器发明的热潮。更为关键的是蒸汽机的出现，它为人类提供了动力源，极大地推动了工业的发展。而第二次工业革命则带来了电力，这同样为人类创新提供了重大的平台。

## 二

商业进化面临的压力种类繁多，包括但不限于市场竞争的加剧、技术变革的快速发展、消费者需求的持续变化。例如，随着消费者普遍使用微信，不支持微信扫码支付的蔬菜销售者，将面临被市场淘汰的风险。这个例子简单却生动地展示了适应市场变化的重要性。另外，法规和政策环境的不断调整也构成了一种进化压力，它们随着社会的进步而不断更新，对企业的运营和战略规划产生影响。

**商业进化力**：寻找新质逻辑

与生物进化相似，商业进化面临的压力也可从两个方面理解：一方面是进化带来的奖励，另一方面则是停滞不前所受到的惩罚。

在商业进化中，所谓的奖励，本质上是市场的选择，即市场对于创新和适应性强的企业的正向反馈；而压力的本质，则体现为对那些无法适应市场变化的企业的惩罚。进化的好处，实际上是对进化压力的一种回应和超越。一个典型的例子是，某人开发了游戏外挂，通过这个外挂，他为自己在游戏中创造了巨大的竞争优势，这便是他所获得的奖励。

商业进化不仅体现在创新上，模仿或跟随他人的创新同样也是进化的一种形式。

以日本为例，其通过迅速学习和模仿西方的技术和管理方法，实现了自身的快速发展。就像一个玩家使用别人开发的游戏外挂，在竞争中获得优势一样，企业通过创新或紧密跟随他人的创新也能获得奖励。

因此，商业进化的奖励可以是多种多样的，如创新奖励、跟随奖励、转型奖励等。这些奖励的具体表现形式可能包括进入新市场的机遇、增加市场份额、提高利润率或提升品牌价值等。总的来说，进化所带来的奖励最终都将体现为企业的经济和社会利益增加。

三

在商业进化的过程中，不进化便会面临各种惩罚。其中，最严重的惩罚就是企业破产，被市场淘汰。此外，企业还可能面临诸如跨界替代的惩罚。以抖音对电视市场的冲击为例，抖音通过创新的内容分发方式，无形中夺取了电视行业的大量市场份额，这种跨界竞争成为对传统电视行业的惩罚。

其他惩罚还包括市场份额的丧失、利润率的下降、品牌价值的减少等。如果企业停止进化，其创新能力将会衰退，人才流失，适应能力下降，资本市场表现不佳，同时可能无法跟上行业标准。这些都是企业不进化所要面临的惩罚。

商业进化，与生物进化相似，不仅受到进化压力的驱动，还通过各种进化方式而实现。这些进化方式在大的方面其实是全人类乃至全社会的转型。历史上，人类经历了多次重大的转型。

首先是认知革命，在5万~7万年前，人类认知能力显著提升，这是一次全人类的重大转型。其次，农业革命发生在大约1万年前，引领了农业化转型，标志着从游牧生活向定居农业社会的根本变迁。最后，城市化转型展现了人类向建立复杂社会结构和城市生活的进化。

在近现代，几次工业革命引领了新一轮的社会大转型。第一次工业革命通过蒸汽技术的应用带来了工业化转型，使生产力得到了空前的提升。紧随其后的第二次工业革命，以电力为核心，引领了电气化转型，进一步推动了工业和社会的发展。第三次工业革命，则是以自动化和信息化技术为标志，带来了自动化转型，彻底改变了生产方式和信息传递。而现正进行中的第四次工业革命，以智能化和数字化为核心，将引领着全球进入一个新的时代。

## 四

企业商业或企业进化，在面临市场选择的进化压力时，人类有两大类进化策略，第一就是主动进化，第二则正相反，是对进化的抵抗。

抵抗进化，即所谓的反进化行为，乍看之下似乎不应被视为进化过程的一部分。然而，人类对进化的抵抗行为实在是太普遍了，以至于在很多情况下，这种抵抗成为企业或国家中大多数人的共同行为。比如，反对所谓的"崇洋媚外"，这种行为就是一种典型的抵抗。因此，我们必须将这种抵抗视为人类商业进化策略中的一个重要组成部分，也就是说，面对进化压力时，人类的一种策略便是选择抵抗。这与生物进化的自然流程存在本质上的不同，因为生物是不会有意识地对抗进化的。这正体现了生物进化与商业进化在底层原理上的一大区别。

我们再看主动的商业进化，包括三个方面：创新、转型和跟随。

首先说创新。它又可以进一步细分为多个层面：技术创新、创新的应用、商业模式创新以及文化和管理创新。其中不好理解的是，什么是创新的应用？比如，法拉第对交流电的发明是创新，而对它的应用就是创新的应用，人们将它应用在流水线和机器上，应用在照明上等。

我们都知道，在历史上有许多著名的创新者，比如，瓦特改进了蒸汽机，爱迪生发明了电灯泡和留声机，亨利·福特创新了流水线生产方式，贝尔发明了电话，法拉第在交流电技术方面作出了革命性贡献，爱因斯坦提出相对论并为后续的科学研究开辟了新天地。而在商业和技术领域，乔布斯推动了苹果电脑和智能设备的创新，比尔·盖茨推广了个人电脑软件，扎克伯格创立了脸书，埃隆·马斯克在电动汽车和太空探索方面的突破。我们熟知的这些创新牛人只是冰山一角，实际上，在人类社会中，创新者的数量远远超出我们的想象，而他们也是商业和社会进化的第一推动力。

其次说转型。它本质上是对企业进行根本性、系统性的变革，也就是对企业进行大手术。这种转型变革是大范围的，改变战略就是给整个公司换个方向。比如，把一家主打实体店的传统服装品牌，转变成主攻线上销售的时尚"领头羊"。这不仅是换个卖东西的地方那么简单，还得重新定位品牌，比如从高端走向亲民，或者反过来。组织结构也要变，可能需要增加一个电商部门，或者强化社交媒体营销团队，这也是大手术。至于经营模式，那更得变，比如引入会员制，推动限时抢购。此外，企业文化也不能落下，要让团队适应新的工作节奏和思维方式。总之，转型可不是说说那么简单，是需要动真格的大动作。

最后说跟随。跟随在动物界是实现不了的，比如我们也想飞，但没有办法像老鹰那样随心所欲地飞翔，没有办法在进化上跟随。

但是，人类的商业进化，允许我们通过学习和模仿来实现跟随。拿日本来说，它可算是西方技术和思想的超级跟随者。明治维新，日本不仅吸收了西方的技术，连思想和文化、管理体系也没落下，真是学习和跟随的楷模。再比如腾讯公司副总裁张小龙开发的微信，其实也是跟随借鉴了早期即时通信软件的思路。支付宝和微信支付的出现，也是跟随了贝宝（PayPal）的脚步，只不过他们在跟随中加入了自己的创新。

相比较创新和转型，跟随无疑是个轻松得多的进化方式，它不需要像创新和转型那样投入巨大的精力和资源。正因为如此，许多典型的跟随者企业吸引着国内外投资者的青睐，如阿里巴巴，它最初跟随的是易贝（eBay）的模式，但因为它在跟随中还有创新，所以获得了投资者的大力支持。

跟随在商业进化中有着多种形式，包括主动跟随、掠夺性跟随、偷盗式跟随以及被动跟随等。

主动跟随，简单来说，就是你自己积极去学习别人的长处。可以深入研究行业内的前沿技术和成功案例，然后对这些技术或者经验进行模仿或者进一步改进，应用到自己的业务中去。还有通过战略合作，中国的高铁技术就是通过与国外企业的合作，学习人家的先进技术和管理经验，促进了自己的发展和进化。

掠夺性跟随则更加直接。比如，通过提供高薪，吸引竞争对手的关键人才加入，这样一来，就能迅速掌握并应用这些创新技术，省去了自己摸索的时间。或者是对竞争对手的产品进行快速模仿，这一着儿腾讯玩得最熟练——专门模仿和复制竞争对手的创新产品或服务，通过这种方式快速进入市场，节省研发成本和时间。这种基于快速模仿的策略，可以说已经成为腾讯的一种商业模式。

偷盗式跟随是使用不太光彩的手段，如侵犯他人知识产权，甚至派间谍去其他国家窃取技术信息或者核心商业机密。这种方式完全无视法律和商业道德，通过非法手段获取竞争对手的关键技术和产品设计。还有一种是通过技术手段，比如利用黑客攻击或间谍活动，来窃取对手的数据和研发成果。

在说被动跟随之前，先讲一个小故事。菜市场上有一个老大爷商贩，最开始他抗拒使用微信扫码支付，觉得自己的菜便宜，顾客会愿意用现金。但过去了几天，他还是用上了，因为他发现不用微信扫码支付的话，很多熟人不在他这里买菜了，没办法，他不得不开始接受这种支付方式。这就是市场压力下的被动跟随。企业也是如此，可能最开始抗拒采用某种技术或业务模式，但在市场竞争和客户需求的压力下，不得不采纳行业内已经验证的技术和模式。还有一种被动跟随，是因为法律法规的要求，随着合规要求越来越严格，企业可能会因为政府或行业标准的新法规而被迫调整业务流程和技术应用，以符合新的规定。

## 五

在商业进化中，主动进化方式主要包括创新、转型以及跟随。除了这些主动应对方式外，人们在面对进化的压力时还采用了另一种典型方式：抵抗。

不同于生物进化的无意识、无抵抗的自然过程，商业进化中的一个显著特点就是存在抵抗行为。尤其在历史上，一些著名的抵抗运动非常典型。19世纪的卢德运动，英国的纺织工人们因担心机械会夺走他们的工作，而采取破坏纺织机械的行动。20世纪的拖拉机抗议运动，美国和欧洲的一些农民对引入拖拉机等机械化农业设备表示了强烈的反对。他们的担心主要源自对失业和生活方式改变的恐惧。还有反汽车运动，发生在引入汽车初期，当时的马车司机、步行者以及其他传统交通方式的支持者开始对汽车的普及表现出抵抗。

在企业进化过程中，内部抵抗可谓五花八门，抵抗方式多种多样。首先就是抵抗试错，如果员工尝试新方法或创新，却因为出错或造成资源浪费而遭到惩罚，就是典型的抵抗试错行为。

还有一种对进化的抵抗，是因为一些人怕破坏了自己的既得利益。就像历史上那些抵抗进化的运动一样，进化会触及某些人的利益。在企业内部，领导层可能因为担心失去权力、地位或收入而阻挠变革，那些受益于现状的利益集团，一些团队或部门，也会反对任何可能影响到他们既得利益的进化。

另一种抵抗来自坚持传统观念的人。他们可能是那种典型的守旧者，总是说："我们一直都是这么做的。"他们对新思维和新方法抱有抵触情绪，对采纳新技术和方法持怀疑态度，担心这些变革带来的改变。

风险厌恶也是一种常见的抵抗形式。一些人因害怕失败，而避免做出任何决策，这就错失了发展的良机。诺基亚就是这么干的，结果衰落了。

组织惯性是一种非常普遍的抵抗形式。每个组织都有其固有的惯性。有些组织的内部流程和规则特别僵硬，这种情况下，变革、调整、创新都会遇到重重阻碍。还有组织内部沟通不畅，层级过多，信息传递就会受阻，导致变革信息无法有效传达。

抵抗还可能源自组织文化，比如对文化多样性的抵抗。某些组织不愿意接受或融入不同的工作和思维方式，或者忽视员工在变革过程中的参与和贡献。

另一种抵抗是对市场变化的忽视，这种忽视可能是被动的，是惯性思维而不是主动抵抗创新。比如，企业存在"信息孤岛"，它根本就缺乏及时更新市场动态的机制，往往还不以客户需求为导向，忽视市场趋势的变化，继续坚持过时的产品导向策略。

抵抗的形式还包括对外部伙伴的不信任，拒绝与外界合作与交流，采取闭门造车的策略，所谓"自力更生"。还有就是过度依赖旧有的模式和策略，不愿意探索新的方法。一些企业特别信赖营销手段，而不是技术创新，总是重复使用过去的老套路，而不是寻求新的解决方案。比如，2014年，马斯克与国内企业家在一次对话节目中所展现的对比，企业家那段著名的话："我们如果都不做广告了，你们这个行业还有饭吃吗？"固守营销的老套路，这些都是企业内部抵抗进化的典型表现形式。

## 六

商业进化和生物进化在许多方面相似，但也存在显著的不同。两者都面临进化的压力，都受限于各自的"时间窗"，但商业进化的时间窗要远比生物进化的窄得多。这种时间上的差异是商业进化的一个关键特征。

进一步的不同之处在于，商业进化更类似于生物的后天成长。它涉及企业在存在期间通过学习和调整进行的适应和变革。相比之下，生物进化更多依赖于遗传上的变化，即通过世代传递的基因变异来实现。传统的生物进化理论并未将后天成长作为进化的一部分，而是主要聚焦于物种世代间的遗传变化。

最明显的不同，在于商业进化中存在着对进化压力的抵抗。这种抵抗行为在生物进化中是不存在的。生物个体不能选择不进化，而是被自然选择的力量所驱动。在商业进化中，企业可以选择如何应对进化的压力，包括采取抵抗变革的措施。

而最大的一点不同在于，企业或公司可以凭空产生———一些人成立一家新公司，在生物进化中却不能凭空生出新物种。

在后续的章节中，我们将对本节中商业进化的原理进行更加深入的探讨，尽量全面地展示商业进化的复杂性和独特性。

# 进化失能的诱因分析

## 一

优秀的企业需要一种内在的超越精神，在差异化生存领域，必须让自己做到第一，让自己成为和市场环境合一的独立进化树，点对了进化树的企业，可以获得一大片市场；点错了科技树，就会满盘皆输。

20世纪90年代末到2000年年初，波导是中国手机市场的一匹黑马，那时候的波导手机几乎人手一台，成为家喻户晓的品牌。但随着时间的推移，大约从2000年年末开始，波导持续发生了进化失能，它的光环逐渐黯淡，最终在激烈的市场竞争中失去了踪影。

究其原因，波导像很多当时的企业一样，最初依靠低成本生产取得了市场优势。但技术更新换代特别快，从2G到3G，再到4G，每一次技术跳跃都给手机厂家带来巨大的进化压力，都是一次市场选择式的洗牌。波导在技术革新的赛道上跑得不够快，投入在创新研发上的资源有限，没有在有限的时间窗里完成应有的进化。

比如，在市场定位方面，波导在进化压力面前迷失了自己。它既想抓住高端市场，又不想放弃中低端市场，结果自然是两头不到岸。市场上出现了越来越多性价比高、定位明确的手机品牌，波导的市场份额逐步被蚕食。

管理和决策上的问题也逐渐显露。在手机行业飞速发展的关键时期，波导在一些重大决策上犹豫不决，错失了调整战略、扭转局面的良机。

2000年年末到2010年年初，随着智能手机时代的到来，波导的传统优势不再，转型升级显得迫在眉睫。可惜，它没有在有限的进化时间窗里，成功转变成一个以技术创新和品牌价值为核心的现代企业。

在进化压力方面，竞争对手给波导带来的压力非常大。国外大品牌如苹果、三星，国内的后起之秀如华为、小米，它们不仅技术领先，市场营销也做得风生水起，这给波导带来了巨大的压力。

## 二

波导的故事其实是许多企业进化失能的缩影。

进化失能，在生物进化理论中描述的是退化，但在这里，我们用这个词来描述企业不能或没有在紧迫的进化时间窗里成功进化。

企业进化上的困境，是由很多因素造成的。我们暂且不谈外界因素，仅从内部来看，这些困境多半源于企业对进化的有意或无意的抵抗。

我们在本节只说国内企业最普遍面临的几个进化失能的诱因。第一，企业回避直面产业难题，进而失去了竞争力，这是核心原因之一。第二，中介机构的壁垒让企业难以与用户直接接触。第三，企业盲目扩张而忽视流程优化，这种现象也相当普遍，严重时会让企业失去自我革新的能力。第四，企业领导层的创新激情逐渐减弱，这在很多初期取得成功，但后期停滞不前的企业中特别常见。第五，缺乏远见的领导者，不愿意探索新的增长路径，开启第二曲线。第六，"误伤"变革型人才，使得企业的战略方向摇摆不定。

## 三

回避产业难题丧失竞争能力，本质上是不愿克服进化中的创新压力。

在中国，企业面临的产业难题特别多，首先就是创新能力的难题，而创新，又是高水平进化的首选方式。即使是应用的跟随，也需要创新能力。但长久以来，中国企业依赖的都是成本低廉的优势，但现在全球竞争太激烈，我们的成本优势已不复存在了，创新就成了企业发展的大命题，也就是要从单纯的"制造"跃升到高智的"智造"。

其次的产业难题就是产业升级的进化压力。因为经济发展之后，人工成本越来越高，环保法规也越来越严，企业不得不从那些传统的、依靠低成本劳动力的行业转型到技术含量更高的产业。哪怕是跟随式进化，投入往往也非常大。

再次的产业难题就是国际化经营。因为品牌、文化、管理上的压力接踵而来，企业既要保持自己的本土优势，又要能适应全球市场，融入进去，每个想出海的中国企业都必须解决这个难题。不过这个难题，相对来说比前两个难题稍微容易解决一些。

最后的产业难题就是人才问题。无论是采取创新还是跟随的进化策略，人才都是大问题，因为跟随也需要学习和创新能力强的人才，而企业中以及自然人群中，天然的就是进化抵抗者多于主动进化者。据研究，在迈尔斯-布里格斯性格类型指标中的物流师（ISTJ）、守护者（ISFJ）、执行者（ESTJ）和照顾者（ESFJ），都是天然的进化抵抗者。这几种人格在人群中占多数。宗庆后的历次改革，都受到公司里绝大多数人的质疑，这些人都是抵抗者，他们对变革都是持抵抗态度的。我们的文化往往也排斥创新者，认为创新者不靠谱，不懂人情世故。但随着企业向高科技领域转型，对高素质人才的渴求越来越强烈，特别是研发、管理和国际业务这几块，如何吸引人才、留住人才成了发展的关键。

另外，政策和法规环境的不确定性也是一个大问题。政策一变，可能就会给企业经营带来不确定性。企业不仅需要不停地适应政策环境的变化，还需要面对越来越重的监管压力，这往往要求企业增设更多管理体系，如合规和法律风险管理体系等。

而最大的难题当然是数字化转型带来的进化压力。如果说小商贩的数字化转型只需要配置微信或支付宝支付的话，那么对于企业来说，它往往需要利用大数据、云计算、人工智能这些新技术。企业即使采取跟随的进化策略，所投入的资金和人才成本也是巨大的。

总之，这些挑战要求中国企业不仅要不断地提升自己的产品和服务，还要在战略规划、技术创新、国际化经营等方面深入思考。

四

存在中介的商业模式没有办法让企业直接面对客户的反馈，这些中介企业就像菟丝子一样，是市场中的寄生物种，一旦寄生的宿主死亡了，企业也就没有了活下去的可能性。

关于中介系统阻隔导致企业不能直接面对用户这一进化失能原因，在数字化和网络化的今天特别突出。中介系统的存在，确实在很多情况下成了企业直接洞察客户需求的一个巨大阻碍。这在传统企业的进化过程中表现得尤为明显。

以传统零售业为例，电商的兴起是一个转折点，虽然为传统零售商带来了前所未有的进化压力，但同时还有机遇。然而，许多老牌零售商并没有抓住这个机会。他们痛恨电商，同时仍然沉浸在以往依赖传统中介分销模式的老路上，结果导致了与消费者之间的直接联系越来越弱。

比如国内某家知名的百货企业。随着电商的崛起，它面临越来越大的压力，许多客户都被电商抢走了，但它在很长时间内也未能有效建立起自己的在线销售平台，仍旧依赖于传统的实体店销售。由于缺乏与消费者的直接沟通渠道，未能及时了解和适应消费者的变化和需求，导致市场份额逐年下滑。

再如某家服装零售企业，长期依赖传统的分销渠道，如百货商场和专卖店进行销售。虽然观察到电商的快速发展，但在转型过程中犹豫不决，未能迅速采取行动建立自己的电子商务渠道。结果，在消费者购物习惯向线上转移的趋势下,这家企业错失了与消费者建立直接联系的宝贵时间窗,也错失了在新零售时代占据一席之地的机会。

在国外,曾经的零售巨头百思买和沃尔玛,在电商刚起步的时候,没有及时转型,依然坚持通过物理店面和经销商来销售商品。与此同时,亚马逊这样的电商平台却是直接对话消费者,用他们海量的数据来分析用户的喜好,提供个性化推荐,给用户带来了全新的购物体验。这种差异让电商平台迅速占据了市场优势。

## 五

低水平无度扩张会使企业丧失流程再造能力,这一进化失能的诱因,在国内是普遍现象。

低水平无度扩张确实把企业搞大了,但没搞好,这也是导致企业进化失能的一个大问题。有的企业为了追求速度和规模,盲目扩张,结果却没有把自家的管理和流程打磨得更优秀。拿一些连锁餐饮来说,它们一口气开了好多新店,可是供应链管理和食品质量控制却未能跟上,这就导致了顾客对服务的体验直线下滑。国内某些曾经风光无限的连锁咖啡店和快餐店,为了快速占领市场,不断增加门店,但内部培训、原料采购等各环节未同步优化升级,使得每家店铺的服务质量参差不齐。这样一来,虽然"烧"了一大把钱,但一旦市场有所变动,它们就会变得笨重不堪,难以及时调整策略,最后导致竞争力下降,发展前景大打折扣。

## 六

企业的进化逻辑忌讳"你有我也有"的平庸,在数字时代,三年就是一个企业生命周期,如果企业不盯着世界制高点发力,而只想获得周围人的欣赏,那就注定做不出伟大的东西了。企业的进化逻辑就是,今天就要守正创新,有些事情,不要寻求今天同时代人的理解,要让未来的客户理解你。

在我国，你会发现不少传统老牌企业因为领导层创新热情不足而开始走下坡路。比如夏新电子，曾经是中国手机市场上的大咖，但当智能手机横空出世的时候，夏新未能赶上这趟创新的列车，逐渐被市场所淘汰。再比如康佳，在当年的电视机行业里非常牛，但是当电视技术向液晶和智能电视转型的时候，康佳的创新慢了半拍，导致市场份额大不如前。还有波导手机，早期在国内手机市场颇有地位，但是它在智能手机这块未能及时抓住机会，创新不足，最后也是被那些后起之秀给远远甩在身后了。

领导层创新热情不足而开始走下坡路，这背后的原因不只是领导者自己的问题，还牵扯年龄、心理和企业文化等方面。

首先说领导者自己。如果他们对新技术、新市场或者新商业模式持保守态度，或者根本看不懂，那么企业转型升级的时间窗就可能会溜走。而且随着年纪的增长，有些领导者会变得更加谨慎，对冒险和改变感到不安。

其次说心理方面。如果领导者总沉浸在过去的成功中不肯出来，就会陷入一成不变的思维模式，认为那套老办法还能继续使用。这种心态，是非常典型的抵抗心态。

最后，企业文化与领导层集体有很大关系。如果整个企业的文化都是避免风险、重视稳定，那么创新氛围就很难形成。就算领导者想创新，但如果企业文化不支持，也是白费功夫。特别是如果企业不鼓励尝试新鲜事物，对失败容忍度低，下意识抵抗，那团队的创新精神和活力自然就弱了。

## 七

在很多公司里，领导者没那么敏锐，没看到自家的主营业务已经爬到山顶了，接下来应该寻找新的上升路线，也就是所谓的"第二曲线"，来保持公司继续向上走。这个"第二曲线"概念是管理大师查尔斯·汉迪提出来的，他表达第二曲线的意思是：在你现在这条路走到头之前，得赶紧找下一条路。

问题是，当需要变革的时候，许多公司就像是踩了刹车，犹豫不前，缺少勇气和决心去尝试新的商业模式。

拿传统出版社来说，数字化浪潮来袭的时候，他们守着老本，未能及时拥抱数字出版和网络内容分发。结果呢？市场份额就被那些新兴的数字媒体和自助出版平台给蚕食了。这就是未能意识到"第二曲线"重要性，从而错过了新的增长机遇。

## 八

在不少公司变革的过程中，遇到的一个大难题就是内部的反对声音，这其实是有些管理层看问题看得太短视了，尤其是那种缺乏进化思维，不愿意一边做一边改的。这些人对那些有远见卓识和能带来变革的人才不是排斥就是视而不见。这种情况也是导致公司进化不力的一大原因。

比如国内一家科技公司，在早期的互联网大潮中，高层对互联网商业模式的理解不深，也没放在眼里，结果导致好几位有创新能力的中层管理人员跳槽。这些人后来在别的公司或者是自己创业的项目里成绩斐然。这家公司就这样错失了转型互联网的大好机会，最终的结果，就是在市场竞争中渐渐被边缘化了。

当年诺基亚的衰落，很大原因也是误伤了创新人才，其领导层对那些主张变革、拥抱新技术的声音听而不闻，坚持其已有的策略和方向。结果错过了智能手机时代的列车，最终不得不将手机业务出售。

## 九

本节分析的几种进化失能诱因，没有一种是容易克服的，这说明了企业所面临的持续进化压力是多么巨大。

从本能上来说，对于进化的抵抗是符合人性的，因为人类先天继承的四项自然原则中，有三项是支持对进化的抵抗的，分别是"能量最小原则（懒惰原则）""阻力最小原则（按老套路行事）""感觉最佳原则（追求最快乐）"，而只有来自人类意识脑区的"最佳生存原则（追求长期幸福）"才是支持主动进化的。

如何将最佳生存原则在企业中具体化？那就要了解商业进化的动因和动力。

## 商业进化的动因和动力

一

企业能够持续进化，其外在动因和动力显然是市场选择的压力与进化所带来的奖励。然而，内在的进化动因和动力又是什么呢？要想探索这个问题，最好的办法就是研究那些长寿企业，特别是那些能够跨越多次工业革命，并持续进化的企业。

在研究长寿企业的时候，我们应避免仅关注那些满足基本生活需求和文化需求的传统企业。例如，某些日本企业所提供的饮食、住宿、宗教文化用品或建筑服务，满足的是人们永恒不变的需求。这类企业实际上绕过了消费者需求不断变化所带来的强烈进化压力。

以世界上最长寿的企业为例，日本的康永公司成立于公元578年，至今已有一千四五百年的历史。其主营业务是建筑，特别是寺庙建设。在日本这样的文化背景下，宗教建筑的需求是恒定不变的。另一个例子是日本白寿司，这家企业成立于公元718年，已存在一千三四百年了。作为一家餐饮业务的企业，在传统文化浓郁的日本，其服务需求同样是恒久不变的。

很多欧美企业非常符合我们的研究标准，比如宝洁公司和意大利的贝雷塔公司就是这类企业的代表。

宝洁公司成立于1834年，180多年来跨越了第二、第三、第四次工业革命，使用了各种进化策略，如今仍然活跃，是全球最大的日用化学品生产商，世界500强企业。

贝雷塔这家意大利公司在进化方面更厉害。它成立于1526年，已有近500年的历史，跨越了第一次到第四次工业革命，是世界上最古老的枪械制造商，和宝洁一样使用了各种进化方式。历次工业革命中，贝雷塔在进化方面不断以跟随的方式采纳新的制造技术，而在武器研发方面，贝雷塔始终采取创新的进化方式，不断研发新型武器，适应了不断变化的军事需求。在20世纪，尤其是第二次世界大战之后，贝雷塔采纳了全球化策略，并在商业模式上实现了转型与进化。其产品开始进军国际市场，成为许多国家军警制式武器的主要供应商。在武器制造领域，创新是贝雷塔的核心竞争力，因此其产品始终保持着先进性和竞争力。

二

观察宝洁、贝雷塔这些历经百年以上而持续进化的企业，我们可以发现这几个关键原因构成了它们内在的进化动力。

最根本的是，这些企业都把价值观作为企业的永恒锚点和价值支撑。

宝洁公司的价值观是诚信、领导力、所有权、激情、合作、多样性和包容性，而贝雷塔公司的价值观是卓越、传承、创新、责任、尊重。

企业价值观是企业的最高行为准则和原则，是那种在任何情况下都不能讨价还价必须遵守的东西，是企业面对各种进化压力而产生迷茫时的行为指南针和锚点，是规避不道德跟随式进化行为的纪律。

宝洁的价值观是其业务实践的核心。诚信保证了宝洁在所有商业活动中的诚实和透明，赢得了消费者和合作伙伴的信任。领导力和所有权鼓励员工像企业主一样思考，驱动宝洁在产品创新和市场策略上保持前瞻性。激情和合作促进了团队之间的协作，加速了新产品的开发和市场推广。多样性和包容性则为宝洁带来了广泛的视角和创意，使其能够更好地适应全球多变的市场需求。

贝雷塔的价值观直接影响其产品开发、制造过程和企业文化。在面对工业革命和技术发展带来的进化压力时，这些价值观提供了坚实的基础。卓越和创新，指引贝雷塔不断提高产品质量和采纳新技术。传承强化了贝雷塔对家族历史和品牌传统的责任和尊重，确保了贝雷塔在生产和销售武器时会考虑社会和伦理因素，从而塑造了企业的社会责任形象。

## 三

商业进化的动因和动力，是注重范式转移。

在生物界，范式指的是在特定大环境下最成功的进化策略。比如在白垩纪时，陆地大型动物是一种流行范式。然而，白垩纪大灾变后，在改变了的自然条件之下，陆地大型动物这种范式就成了生物进化黑洞和死亡陷阱，优势的范式变成了陆地中小型动物，体形最大的动物也不过是大象和长颈鹿那么大，再大就不行了，因为没有那么多陆地资源。从陆地大型动物转化到陆地中小型动物，就是范式转移。

在商业世界也是一样，范式转移说白了就是大家一起换了一种玩法，一起改变了游戏规则，而且这种改变是必需的，否则就跟不上其他企业的步伐。也就是说，范式转移通常意味着从做事的老方法换成全新的方式，比如从开实体店转到全网上营业。在这个过程中，不仅要跟得上环境的变化，还要率先进行范式转移，率先范式转移就是要能猜到将来会发生什么，并带头做出改变。

范式转移的一个经典的例子就是诺基亚的故事。以前人们都用的是按键手机，那时候的"范式"——那个时代的常态，就是按键手机。手机厂家的商业模式，主要就是围绕着设计、生产和销售按键手机来进行的。这些手机功能比较基础，总的来说就是为了通信服务的。如果用户想买手机，基本上看的就是信号好不好，电池能不能撑久，键盘用起来手感怎么样。手机厂家也是按照这些需求去设计和改进手机的。

然而，当智能手机时代到来的时候，这个游戏的规则就变了。智能手机是一个全新的范式。手机厂家的商业模式也开始转变，从生产按键手机转向设计和生产功能更加丰富、更加智能的触屏手机。这个转变，对很多手机厂家来说都是一个巨大的进化压力。有些厂家比如苹果，根本就是范式的创新者，而采用安卓系统的手机制造商，及时采取跟随的进化策略，很快就适应了这个新范式，开发出了受消费者欢迎的智能手机，实现了范式转移。而诺基亚，则未能及时适应这种变化，最终在智能手机时代的竞争中落后了。

也就是说，当范式转移的时间到来时，在旧的范式上多么努力都是没用的。不但没用，旧范式还会变成商业黑洞和死亡陷阱（我们将在第二章第一节讨论）。

## 四

第三种进化动因是，企业CEO是企业进化的主要推动者。

企业的进化，实际上是从企业高层的认知进化开始的。因为CEO和企业高层的认知水平决定了企业能走多远，他们手里掌握的资源和权力又决定了企业能做什么。所以，CEO得有超前的眼光，要能看得远、想得深，不仅要关注企业的当前状态，还要着眼于企业的未来发展。操盘大局，带领团队在这个每天都在变的市场里稳扎稳打，一步一个脚印往前走。

亚马逊的创始人杰夫·贝索斯，有种痴迷的创新精神和深刻的消费者洞察力，对每一个细节都格外关注，比如亲自推动创新式进化，参与设计用户界面，以确保购物体验的流畅；他对于客户反馈非常重视，每天阅读客户的电子邮件，亲自回复或转发给相关部门解决，以这样的方式最实地地感受环境的进化压力。他重视重大创新，坚信长期思维，愿意为了长远的进化成功牺牲短期利益，这在他大量投资亚马逊 Web Services（AWS）时体现得淋漓尽致，最终这一决策也证明了他的远见卓识。

腾讯的创始人马化腾对市场的敏锐洞察使得腾讯能够在众多领域中快速布局，从社交媒体、游戏到移动支付和云计算等，马化腾领导下的腾讯始终能够抓住甚至引领市场趋势。微信的推出是极成功的跟随式创新进化，而腾讯在跟随式进化方式方面尤其突出，其快速响应和跟随策略达到了炉火纯青、登峰造极的程度，为此其与多家公司发生了纠纷。"发现即打击"已经成为互联网巨头们的普遍竞争策略，维护范式稳定和维护生态系统已成为这些大企业的竞争本能。

五

第四种进化动因，是以客户为中心。

在商业进化中，以客户为中心的原则始终是企业持续进化成功的关键。相对于产品导向模式，以客户需求为导向的商业模式从古至今都是有效避免犯下重大错误的策略。这意味着，企业之内不再存在老板，企业真正的权力已经转移到客户手里去了。权力外移已经成为企业进化模式的普遍学说，遵循这样的逻辑，组织流程正在重新组合。

京东通过建立自己的物流系统，实现了快速的配送服务，甚至在很多城市能做到当日达或次日达，大大提升了购物的便捷性和顾客满意度。此外，京东还推出了多种对用户友好的购物政策，比如无理由退货服务，这些都是围绕客户需求和体验的优化。

小米的口号是"为发烧而生"，它不仅在产品设计上追求极致性价比，满足了消费者对高性能、低价格的追求，而且在用户参与度方面做得非常好。它通过社区和粉丝活动紧密地与用户沟通，收集用户反馈来改进产品，这种互动式的产品开发过程，让用户感觉自己是小米成长路上的一部分，建立起了强大的用户忠诚度。

多邻国（Duolingo）是一家创立于 2011 年的美国公司，它开发的同名应用程序旨在帮助全球用户通过免费、有趣的方式学习新语言。这款应用采用了一种独特的教学方法，结合了游戏化元素和科学的学习算法，如通过完成各种有奖励的挑战来激励用户坚持每天学习。Duolingo 提供了多种语言学习选项，从英语、西班牙语到更少见的语言，如爱尔兰语，几乎涵盖了全球用户的需求。它的个性化学习路径能够根据用户的学习进度和效果自动调整，确保了学习效率最大化。此外，Duolingo 还通过定期更新和引入新功能，如 Duolingo Plus 订阅服务、虚拟语言学习事件等，保持了应用的新鲜感和吸引力。

## 六

第五种进化动因是设定边界。

公司要想不断进化保持领先，一个很重要的策略就是设定边界，确定自己的"打法"范围，明白自己能做什么，要往哪个方向发展，以帮助公司把时间和资金集中投入最能发光发热的地方，比如创新或开发新的产品和服务，从而在商业世界中找到一块属于自己的有利地带，并让公司在这片领域里更好地成长和竞争。

拼多多一跃成为电商界的异类，主要是因为它巧妙地将低价策略和社交元素结合起来。起步时，拼多多就明确了自己的打法：专注于提供价格低廉的商品，并通过团购模式进一步压低价格。这个策略背后的原理很简单——越多人买，单件商品的成本就越低。而"社交＋电商"的模式，则是通过激励用户在微信等社交平台分享商品信息来吸引更多参与者，以此达到团购的人数要求，进一步降低价格。这种模式不仅利用了人们对低价商品的天然喜好，也巧妙地利用了人们在社交网络上的影响力，创造了一种新型购物体验。通过这样的策略，拼多多不仅快速聚集了大量用户，而且促进了用户间的互动和传播，使其短时间内就在激烈竞争的电商市场上脱颖而出，成功地在"社交电商"领域划出了自己的边界。

字节跳动同样通过开发并推广今日头条和抖音，成功设定了自己在内容分发和短视频领域的边界。字节跳动利用先进的算法技术，来为用户推荐个性化内容，极大地提升了用户体验和平台的黏性。

宁德时代则在新能源领域划定了自己的边界。作为全球领先的锂电池制造商，宁德时代通过不断的技术创新和生产能力扩张，在电动汽车和储能系统领域建立了强大的竞争优势。

设定边界对于企业进化的成功非常重要，其原理在于聚焦，这也是我们下一节中要讨论的重点。

## 克难、聚焦和贯通，商业进化的六字经

一

在商业进化中，最艰难的进化方式是创新，它风险高，投入大，周期长，还可能不会成功。而跟随是相对简单得多的进化方式，如同抄作业，确定性高，投入适中，周期可控，是最佳进化策略之一，缺点是没有自主知识产权。中国改革开放40多年走完了西方发达国家200多年的发展之路，主要靠的就是跟随。"造船不如买船，买船不如租船。"认为拿来主义的跟随策略成本效益最高，但这个思维模式只在短期内有效。虽然跟随能够带来"后发优势"，但容易进入低水平循环的怪圈，让后发优势陷入"后发劣势"，导致这种情况发生的原因就是长期跟随，忘了做真正的难事。

对于华为这家公司来说，它也想采取跟随策略实现快速进化，这才有了花40亿元学费向IBM学习管理的经历。

然而在2019年，美国政府将华为列入了出口管制实体名单，限制其获取美国的技术和产品。这一决策在商业进化上的意义，在于通过阻止华为作为美国创新技术的跟随者而阻碍华为的商业进化。这对于华为来说，进化的压力剧增，直接影响了华为在全球范围内的供应链、产品研发以及市场扩展等关键领域的进化。

面对这样的进化压力，华为没有选择退缩或者寻求妥协，而是决定通过增加研发投入、自己搞创新来寻找突破。

对于企业来说，全方位自主创新是最艰难和最慢的进化方式，要想加速创新过程，就必须对研发和创新大力投入。2019年，华为的研发支出达到了约150亿美元，这一数字占到了其年营业收入的近15%。这一比例在全球科技公司中属于非常高的水平，华为试图通过增加研发投入来加快自主核心技术的研发进度，以减少对外部技术的依赖。

华为还积极推动与全球合作伙伴的开放合作，建立了遍布全球的研发中心，从欧洲到亚洲，这些中心不仅促进了技术的全球化交流，也加速了华为在关键技术领域的突破，如5G通信技术。到2020年年底，华为在5G标准必要专利申请数量方面处于全球领先地位。

## 二

华为的商业进化之路，是克难和聚焦的过程，其目标就是实现企业期望的进化，达到贯通。在克难、聚焦和贯通三个准则中，"克难"与"聚焦"服务于实现"贯通"这一更高目标，贯通意即进化的成功，表现为进化的成果与企业的现有管理、技术、业务和流程达成了融会贯通、和谐统一的整体。

以个人生活为例可以更好地理解贯通。比如，一个人设定减重目标便是一种进化的体现，它要求个人克服重重难关（克难），集中精力和资源（聚焦），直至减重成为日常生活的一部分，实现"贯通"。

对于华为来说，克难从来都不是问题，因为它用一种永恒的进攻精神来面对知识时代的一座座巅峰。

华为的发展速度很快，因此很多企业都在学习华为的前线管理，强调"狼性"，但即使在营销领域，也很少有企业能够复制华为的成功，因为华为的铁血是一种系统性的铁血，并不是要员工去自我牺牲。华为战斗在一线的"战士"，其实是有巨大的系统支持的。一个营销人员的背后，有强大且无缝的流程支撑，可以反向调取资源支持；有组织架构层面的产品研发团队，技术交付团队，专家和营销人员并列解决问题；有正向激励和岗位专职的系列培训，成功的经验会在系统内进行总结分享；有合理的内部各模块拆解的 KPI、奖金包激励分配方案，为企业在干，也是为自己在干。前线需要"战士"的自我驱动，末端的动能系统很重要，华为一个锻炼人的方式，就是将才干突出的人派到"苦寒之地"，从"流放"中归来的人，往往奋斗心更加坚定。

三

在企业变革、转型和进化过程中，"聚焦"要求企业集中资源和精力，针对变革目标，或自身最擅长和最有潜力的领域进行深耕，以实现持续成长和市场竞争优势。

华为公司在克难过程中的聚焦，从某种角度来看，可视为愿意砸钱，集中资源在克难上，以实现贯通。2019 年，华为的研发支出高达约 150 亿美元，这是极大的资源聚焦。

聚焦不仅仅是资源聚焦。苹果公司成功的根本在于对产品和技术的极致聚焦。该公司不追求产品线的广泛性，而是专注于少数几款核心产品的设计和创新，如 iPhone、iPad 和 MacBook 等。

特斯拉在新能源汽车领域的突破和成功，也是聚焦战略的一个典型例证。特斯拉从成立之初就明确专注于电动汽车的研发和制造，以及相关的能源技术创新。通过持续的技术创新和产品升级，特斯拉不仅颠覆了传统汽车行业，还推动了全球汽车产业向电动化和智能化的转型。

在商业进化过程中，"贯通"代表了进化成功，其成果与企业原有架构，以及战略和战术达成整合，让企业信息、资源和目标连成了一个闭环，从而使创新、变革、转型、跟随等进化成果有机融合到了企业整体商业模式中。

任何旨在适应和进化的改进措施都需经历一段或长或短的克难与聚焦过程，直至这些改革成果完全融入其业务流程和价值链体系，与公司原有体系实现完美贯通，形成一个统一而协调的整体。

当今世界，所有在转型中成功的公司，都实现了完美的贯通。华为通过持续的研发投入和全球化战略，成功实现了技术创新与市场扩展的深度融合。阿里巴巴通过数字化转型驱动商业创新，实现了商业模式的全面进化。腾讯通过不断的技术创新和生态构建，成为数字生活领域的领导者。字节跳动在不断创新过程中以算法驱动的内容分发为核心，成功打造了多个全球性的内容平台，内容技术与全球化战略高度融合。苹果公司通过不断的产品创新和生态系统建设，在智能手机、个人电脑和在线服务等领域保持了领先地位。亚马逊通过电子商务和云计算服务，构建了覆盖全球的商业帝国，技术和服务模式完美融合。德国西门子通过在数字化解决方案、能源、健康护理等领域的持续创新，实现了企业技术与服务的深度整合。

## 四

克难和聚焦是为了贯通，贯通成功后，你才能考虑其他的进化。在贯通成功之前，你考虑的进化项目不能太多，否则你就不容易实现贯通。贯通要求解决一个难题，就能够打开一大片市场，能够解决一大批绕不过去的问题。管理的内核就是聚焦资源，解决这样的问题，而在解决难题的时候，就需要决策意志和领导力。

# 第二章　数智催生的商业进化

## 商业黑洞与死亡陷阱

一

错误分配战略资源对于企业是致命的，即使像苏联这样曾经的大国，也会因为这个问题倒下。在商业丛林里，常常存在着欺骗现象，无论是战略欺骗还是战术欺骗，都是为了让自己的认知更加清晰，同时让对手因错误信息而失去基础判断能力。

一个广泛的历史共识是，20世纪下半叶，美国通过"星球大战"计划，成功地把苏联忽悠进了商业黑洞和死亡陷阱，最终间接导致了苏联的解体。

在冷战时期（1947—1989），美国与苏联的军备竞赛达到了前所未有的高度，特别是在美国总统罗纳德·里根提出的"战略防御计划"（SDI，通常被称为"星球大战"计划）之后。

"星球大战"计划在1983年被提出，旨在利用地面和太空系统来保护美国免受苏联导弹的攻击。这个雄心勃勃的计划不仅包括尖端技术的研发，如激光武器和粒子束武器，也预示着在太空领域的军事竞赛。虽然遭到了科学界和国际社会的广泛质疑和批评，但这个计划还是让苏联感受到了极大的压力，因为苏联需要投入巨额资源来实施军事进化，以对抗美国在军事技术上的潜在领先。

对于苏联而言，追赶"星球大战"计划如同投入了一个"商业黑洞"，不仅耗费巨大，而且无法达到预期效果。军备竞赛加剧了苏联的经济困境，这在一定程度上加速了其后来的解体。苏联试图与美国在技术和军事上保持平衡，但最终这成为其经济负担的重要来源，影响了其对内投资和民众福祉的能力。

投入关键资源进行激进创新，有时候就是一种陷阱，应对美国的战略欺骗，稳妥的技术工程研发计划才是解决之道。立足自己的优势技术，继续增加优势投入，让对手跟随而不是跟随对手，这是远离陷阱的基础原则。

华为在新产品的研发过程之中，新技术应用不会超过30%。这是企业在优势继承和创新之间找到的一种平衡之道。其实，迭代两次到三次，也就是全新的产品系统了。创新的过程控制也是相当重要的。

二

在商业和经济领域，"商业黑洞"和"死亡陷阱"通常用来形容那些持续吸收大量资源却无法产生预期回报的项目或投资。或者在短生命周期的商业项目之中，转型过于迟缓，跟不上产业发展的节奏，丧失了变革的时间窗口，这些都是致命的事情。芯片行业的摩尔定律不是技术规律，而是产业发展的节奏，在几十年的时间内，跟不上这个节奏的企业都被淘汰了。

虽然"商业黑洞"和"死亡陷阱"都在形容那些糟糕的项目，但两者还是有区别的。商业黑洞通常指的是一个不断消耗资金和资源却未能带来相应收益的项目或业务。它像是一个财务的无底洞，不断地吞噬投入，但却无法达到盈利或其他正面目标。

死亡陷阱则更多地表示一个项目或企业不仅无法盈利，而且其运作状况很糟糕，以致可能导致整个企业的崩溃或重大损失。它意味着一旦陷入，就很难逃脱，可能会拖垮整个企业。

"死亡陷阱"通常比"商业黑洞"更为严重，它涉及的后果可能导致企业的终结。

三

在企业创新的过程之中，错误是难免的，代价是必须付出的，但付出是有边界的，企业战略如同攀岩，如果没有那个体力，一开始就要知道自己的能力边界。兔子不能攻击老虎，这是常识。但对于付得起代价的创新行为，不妨大胆一些。

在商业进化的过程中，尤其是在医药和高科技领域，研发创新项目很容易落入商业黑洞，因为创新式的进化往往伴随着高风险和高投入。这些领域的研发成本高昂，开发周期长，且成功的不确定性大。许多项目在早期看起来充满希望，但最终由于各种原因（如技术难题、市场需求评估不准、监管环境变化等）未能达到商业化，因此变成了"商业黑洞"。

一个著名的药物创新"商业黑洞"例子，是辉瑞公司研发的抗胆固醇药物——托瑞西布。这一药物被设计为一种革命性的药物，旨在通过提高血液中的高密度脂蛋白（又称为"好胆固醇"）水平来减少心血管疾病的风险，这一点让它在研发阶段就备受期待。

辉瑞在托瑞西布的研发上投入了巨额资金，该药物的临床试验涉及数千名患者，以证明其在降低心脏病发作和中风风险方面的效果。

然而在2006年，辉瑞公司宣布托瑞西布的一项关键性Ⅲ期临床试验失败，该试验发现使用托瑞西布治疗的患者，心血管事件的风险反而增加。这一发现迫使辉瑞立即终止了该药物的所有研发活动。

同样，高科技领域的创新项目也非常容易成为商业黑洞，尤其是涉及前沿技术（如人工智能、量子计算、新能源技术）的研发项目，初期研究和开发也需要巨额的投资和长时间的探索。这些项目可能因为技术上的障碍、市场接受度低或是商业模式不可行等而失败。因此，对于这些项目的投资往往称为"风险投资"，意味着一开始就有落入商业黑洞的觉悟。

比如软银集团的孙正义，他对WeWork的投资就陷入了商业黑洞。WeWork是一家提供共享办公空间的公司，软银对其进行了巨额投资，并在WeWork试图进行首次公开募股（IPO）时遭遇了严重的市场反应和评估下调，导致软银不得不进行了大规模的财务援助和重组。

## 四

当今社会，许多拥有创新商业模式的初创企业也容易陷入商业黑洞。比如共享经济中，共享单车和共享汽车就是这样。摩拜和ofo一开始扩张得飞快，市场份额也抢占了不少，但很快就资金吃紧，因为运营成本变得巨大。

另外是一些科技初创企业也容易掉进商业黑洞。像芯片和电动车两个领域，大家都很好看，投的钱也多，但竞争激烈，技术难、市场接受度和政策变动都可能让企业的努力白费。比如曾经有关方面力推的半导体产业，结果就是一大堆钱投进了芯片设计和制造。可是，芯片的研发周期长，投资大，技术门槛也高，外加国际竞争和贸易问题，有些项目中途资金链就断了，即使后来又起来了，但前景还是一大堆问号。

在电动车行业，中国是全球最大的市场，政府很支持，于是一堆钱和公司涌了进来。有些电动车初创企业为了占市场，砸了不少钱进行技术研发和市场推广。但技术难题、市场竞争还有补贴政策一调整，有的就撑不住了，像某些电动车公司，虽然市场上卖得还行，但财务上大受压力，亏损严重；还有些小公司，因为无法持续投入，要么退出市场，要么被别人收购。

按照竞争逻辑，在充分竞争的市场里，只要趋势是对的，总有一些企业能够进行基础创新，以破坏性创新的方式获得胜利。比如，比亚迪在刀片电池领域的努力，克服了锂电起火的安全难题，也克服了能量密度的问题，从而脱离了别人的逻辑，构建了增益循环的新逻辑。

## 五

商业中的"死亡陷阱"像自然界的陷阱一样，其可怕的地方在于它们隐藏得好，而一旦出现就来势汹汹，很多时候等企业发现不对劲的时候，就已经晚了。

对进化的抵抗是一种典型的死亡陷阱。比如柯达公司，它在19世纪到20世纪初，在胶片技术上是全球的"领头羊"。但到了20世纪90年代，随着数码摄影的兴起，柯达遇到了巨大的进化压力。其实，柯达早在1975年就有了世界上第一台数码相机，这说明技术上它完全有能力引领潮流。但是，因为柯达的高层害怕新技术会影响他们的胶片销量，所以没敢大力投入数码摄影领域。

这个对进化抵抗的决定后来证明是个死亡陷阱。随着数码相机变得越来越受欢迎，柯达的胶片业务急剧衰退。虽然柯达后来试着进入数码市场，但已经错过了最好的时机。与此同时，其他如佳能、尼康这样的竞争者因为早早就开始布局数码技术，成功占领了市场。

到了2000年，柯达的市场份额和盈利能力都在不停下滑。2012年，柯达不得不申请破产保护，这个曾经的商业巨头正式落幕。

与柯达一样，历史上著名的黑莓和康柏电脑两家企业同样没有跟上时代潮流，落入死亡陷阱。

曾经有个时代，如果你手里拿着一部黑莓手机，那就相当于拥有了全世界。黑莓这个名字曾经是商务人士的最爱，几乎成了智能手机的代名词。那时候，黑莓的实体键盘和邮件服务是它的王牌，让所有人都羡慕不已。

但是，随着苹果iPhone和安卓系统的崛起，智能手机市场开始重视触屏和应用程序生态。可是，黑莓似乎没有把这波变革当回事，它还是坚持自己的实体键盘和封闭的系统，这种对旧观念的坚持是一种典型的进化抵抗，成了它的死亡陷阱，结果黑莓慢慢地从市场的"领头羊"变成了"边缘选手"，最后只能退出智能手机市场。

康柏电脑在20世纪90年代是响当当的大牌子。但好景不长，随着电脑市场的竞争日趋激烈，尤其是戴尔等公司采用直销模式压缩成本，康柏开始感受到了压力。问题在于，康柏没有及时调整自己的策略来应对市场变化。它仍然坚持通过传统渠道销售，同时在产品创新和市场趋势上也失去了敏感度，没有及时跟进轻薄便携的笔记本和效率更高的供应链模式，其诸多抵抗策略形成了康柏的死亡陷阱。最终，随着市场份额的持续流失，康柏在2002年被惠普收购。

## 六

以客户需求为核心，构建健康的企业肌体，注重有竞争力的产业地位巩固，这些行为有利于企业更好地贴近发展的本质。

许多时候，商业黑洞与死亡陷阱的核心问题在于其运营模式的不可持续性。当一个模式无法长期维持时，它最终会导致企业的崩溃。以中国的房地产和土地经济为例，多年来高杠杆发展的模式已经证明了其模式的不可持续性，最终演变成了一个致命的陷阱。许多大型房地产公司深陷其中，无法自拔。同样，许多因为采用不可持续模式而爆雷的理财公司，以及那些实行庞氏骗局的企业，都是不可持续运营模式的典型例子。

在企业的进化旅程中，不少研发中的创新项目可能会最终沦为"商业黑洞"。然而，这正是创新过程中不可或缺的一环，试错虽需付出高昂的代价，但创新所带来的回报往往更为丰厚。

商业黑洞与死亡陷阱的存在，揭示了两个关键的观点。首先，企业在应对进化的压力时，需要把握有限的时间窗口，及时作出进化，以免陷入商业黑洞或死亡陷阱。其次，对于那些风险规避型的企业来说，跟随和模仿，可能是一种相对快速且安全的进化策略。

## 数字化转型的背景与动因

一

  数字化和智能化相当于企业进化出了眼睛这样的器官，让企业能从闭门决策做到开放式决策，从几个月一个信息反馈周期，做到实时反馈。量化思维和数据思维主导了企业的经营，这既是一次数字化转型，实际上也是一次管理学上的数字革命。

  数字化转型的背景，就是我们正处于第四次工业革命的浪潮之中。这次转型的动因，就像历次工业革命那样，转型的个人或组织会对那些未转型的个人或组织形成一种降维打击式的进化压力。

  其实，数字化转型在我们的生活中已经悄然发生，只是我们可能并没有深切地感受到它的存在。想要真正体会到这种变化吗？试试看一天不使用手机，你会发现自己几乎无法正常生活。这正是拥有智能手机和没有智能手机的巨大差异，也正是经历了数字化转型与未经历的鲜明对比。

  当一个人拥有智能手机，而另一个人没有时，他们在生活质量上就形成了降维的关系，仿佛生活在两个不同的世界。一个人沉浸在数字化的世界里，享受着智能手机带来的便利：浏览海量信息、观看抖音、使用微信、与人保持在线或离线的联系，乃至通过手机网购、完成各种事务。而那些仅使用传统手机，或者根本不用手机的人，就完全无法享受这些便利，他们还生活在第四次工业革命前的世界里。

这种生活方式的巨大差异，就是数字化转型与未发生数字化转型的直观体现。有智能手机的人能够接触到丰富多彩的信息世界，而没有智能手机的人，很多都会迫切地想要在个人生活中实现数字化转型。于是，购买一部手机，就成了他们迈向数字化生活的第一步。

## 二

互联网是数字化社会的运行基础，遵循着梅特卡夫网络效应规律，即网络规模越大，其价值在某一个时期会呈现出指数式增长的特征。一个人就是一个信息节点，企业也逐步从一个被具体的时空限制的实体变成了一个网络化组织，突破了时空限制。上一代企业家可能满足于区域市场和国内市场，到了下一代互联网原住民主导的时代，哪怕三个人的企业，也能做全球的生意。

回想起电脑普及的那段时光，世界上许多人并没有急着去购买电脑，但随着智能手机的广泛普及，几乎每个人，无论是农民工、普通市民，还是那些最初抵触新鲜事物的老年人，都纷纷拥抱了这项技术。尽管有时智能手机的价格甚至超过了家用电脑，但人们还是毫不犹豫地购买了手机。现在，几乎每个人手中都有一部手机，这也就意味着每个人的生活都经历了一场数字化的转型，即便你可能在观念上还没有完全意识到这一点。

如今，很多家庭都配备了电脑。然而，如果这台电脑未连接互联网，那么它几乎就失去了电脑的大部分功能。这正体现了家用电脑数字化转型的意义。而回想过去，我们的个人电脑并不总是连入互联网的，当时要接入互联网需要相对高的技术水平，需要通过调制解调器等设备。那时互联网上的服务和软件也没有现在这么丰富和完善。

## 三

一个人从产品生产者到产品和数据双重生产者，这是企业数字化转型的总原则。数字化转型到底是个什么概念呢？不妨拿它和第一次、第二次工业革命做个比较，这样就一目了然了。从某种程度上来说，数据生产可能更加重要，数据生产内生创造性，就是新质生产力。

想想看，第一次工业革命带来了什么？蒸汽动力和机器，这两样东西真是太重要了，它们不仅仅是重大的发明，更是开启了人类无限想象空间的大门。慢慢地，各行各业都开始使用机器生产，从人力转向了机械动力，也就是说，发生了一场机械化的转型。那些完成转型的企业，对那些还停留在手工作坊阶段的企业，形成了一种降维打击的态势——进化的压力真是不小呢！

而到了第二次工业革命，电力的革命给人类带来了更多的想象力。电气化转型，也就是基于电力的转型，它让流水线不再依赖蒸汽机，而是用电来驱动。工厂里开始出现了各式各样的机器，因为不用依赖蒸汽机了，机器变得更加多样化。人们的生活也随之转型，家里亮起了灯泡，出现了留声机、收音机和电台，还有了电影和电视，到处都是电路和电器。

那么，第一次工业革命的灵魂是什么？是机器和非人力动力。第二次工业革命的灵魂则是电力，它不仅拓宽了人们的想象和发明空间，也与人类生活的方方面面、企业的方方面面紧密结合了起来，这就是电气化转型，它对没有进行电气化转型的人和企业形成了降维打击的进化压力。

四

数字智能化社会想要建立一个社会的镜像世界，这就是"元宇宙"概念，尽管庞大的网络系统还没有实现统一，需要技术和工程领域的更大更全面的融合，但趋势是不变的。数字生活和数字工作已经成为数智社会最大的变革趋势。

数字化转型，简单来说，就是数字技术与人类生活各个层面的深度融合，不仅包含企业运营，也包含我们的家庭生活。

这个转型的过程，可能是全面的，也可能是部分的。你的转型可能只达到了 20 分，或许 10 分，抑或 60 分、70 分、80 分……直至 100 分。

我们常见到有些人使用智能手机非常熟练，各种功能和 App 都能轻松应用，而另一些人则显得不那么得心应手，经常需要向熟练的人求助。这就是两者在数字化转型程度上的差异，熟练者对于不熟练者形成了一种降维的进化压力。

对于企业和个人而言，数字化转型做得越充分，就能越多地享受数字化带来的好处，竞争力也会更强，更能对那些转型不充分或未转型的人或企业形成降维的压迫优势。因此，就像每次工业革命那样，数字化转型已经成了我们不得不面对的任务。

我们正处于数字化转型的大潮中，这一现象几乎遍及人类社会，除了那些与世隔绝的角落。在这一过程中，一个非常普遍的现象是，几乎每个研究数字化转型的人，对于数字化转型的理解、阐述和看法各不相同。换言之，整个社会都还在探索这个"魔法"（数字化）如何更好地被应用于企业和日常生活之中。我们正处在一个探索和应用创新的时期。这有点像电力刚刚被发明出来后，社会经历了一个长时间的摸索和创新应用期一样。如今，虽然中国社会仍在数字化应用的创新期中，但许多数字化的应用已经相继涌现。

## 五

从进化方式来说，我们通常认为创新是成本最高的选择。然而，在创新的多个领域中，有一些相对成本较低的方式，那就是针对应用的创新，包括对机器的创新应用、对电力的创新应用，以及对数字化的创新应用等。

对于任何一个企业来说，尤其是中小微企业，采取全面跟随的进化方式是不现实的，必须在应用上有创新。这是因为，每个企业都有其独特之处，它们需要在数字化创新应用上动脑筋，而这方面的成本通常并不高。

拿餐馆来说，顾客只需使用手机扫描桌上的二维码就能点餐、支付，这正是一种应用的创新。

如今，许多企业都已采纳这种做法，并且在不断尝试新的方法。每家企业都应根据自己的实际情况来创新应用，同时也可以学习其他企业的创新做法，比如通过数字平台销售产品。

转型永远比不转型强。哪怕只是进行了基础级别的，比如只得10分的数字化转型，仅仅是将产品上架到网络平台销售，也能让企业比那些仅在实体店销售的企业获得更多客户。拿拼多多上的例子来说，一个仅卖白薯干的商家，虽然可能只是山里的农民，但他能卖出10万份，甚至超过百万份。而如果这位山村里的商贩没有进行数字化转型，只在本地的县城或村镇销售，一天能卖出三五斤就算不错了。这正是数字化转型与未转型之间最典型的对比，是一种降维的对比。

## 六

现在的企业都在谈及如何组建信息化组织，诞生了信息化管理模式。城市中央办公区和商业区是典型的工业时代的协作产物，工厂也是如此，但信息化的组织结构正在解构这一切，人的聚集正在让位于有效知识和有效管理的聚集。随着消费者主权的回归，商业资源正在重新按照网络的特质进行分布，分布式组织形态正在改变着传统企业的治理结构。

从历次工业革命，乃至农业革命和认知革命，我们能发现每一次革命的背后都是更高层次的知识体系和技术的诞生，这些新兴的技术能够对旧有的知识体系或技术形成一种降维打击。比如说第一次工业革命带来的机器、蒸汽动力和水力动力的结合。这种新兴技术体系能够对以往依赖手工操作的小作坊产生降维优势。那些采纳机器的，对于那些未采纳、未转型的生产方式无疑形成了一种降维打击。

然而，即使是第一次工业革命中的机器动力，不管它怎样进步，依旧被归类为第一次工业革命的范畴，直到第二次工业革命中电力的出现，彻底改变了游戏规则。电力，这个比蒸汽动力和机械力更为高超的科技发明，使第二次工业革命得以发生。它的应用——从驱动机器、照明、收听广播到生活的方方面面，都能对那些未实现电气化转型的企业和人类生活的各个方面进行降维打击。

同理，第三次信息化转型也是因为更高级的科技发明的出现，这些新技术能够对那些未进行信息化转型的企业或个人进行降维打击。农民正在和土地实现解耦，产业工厂正在和工人实现解耦，而自动化农业和产业智能互联网正在重构过往的商业社会。

如今，我们正处在第四次工业革命阶段，即数字化转型的浪潮中。这一次，是更为高维的科技出现了，它能够对所有未实现数字化转型的个人或企业形成降维打击。这就是企业进行数字化转型的重要动因和背景所在。让更少的人，干更多的事情，知识和垂直智能体成为企业运营的核心，绝大多数的未来就业，都将在服务领域诞生。

而下一节我们要谈到的模式升维，就是通过尽量充分的数字化转型来获得更高维度的竞争优势。

## 可持续发展下的模式升维

一

数智化可以极大地降低企业组织的运营成本和交易成本，企业能够在数字化、智能化基础上构建自己独特的符合业务趋势的 IT 系统，实现之前无法做到的事情。现在小企业也具备了以前大企业才能够具备的治理能力。

每一次工业革命都如同为人类带来了更为强大的"魔法",这种魔法极大地解放了生产力和创造力。随着每一次工业革命的发生,新的魔法都在前一代的基础上变得更加强大。可持续发展的模式升维,正是在这个新魔法时代,将最新一轮工业革命的魔法应用到商业模式中。通过商业模式的升维,企业和个人可以实现进化,保证自身的持续发展。那些成功实现模式升维的企业和个人,就像新时代的魔法师一样,他们掌握的魔法越精妙,模式升维的效果就越显著。每个"魔法师"都可以修炼出自己的独门绝技,或者学习别人的技巧,就是这么简单。

当谈到数字化的模式升维和数字化转型,人们最常讨论的是"将所有业务转移到网上来重新做一遍"。如果你是一家互联网公司,那么你的目标就是实现线上线下的融合。如果你不是互联网公司,那么你就需要把业务迁移到网络上,重新构建,同时实现线上与线下的结合。

那么,将业务转移到网上到底意味着什么呢?这意味着企业在网络上有了自己的平台,或者能够利用某种共享平台。

就拿语言教学公司"说客英语"来说,它通过自己的平台连接全球成千上万的英语教师和中国的百万学生,实现了在线互动和一对一教学。而令人惊叹的是,像说客英语这样的平台,只有几十名工程师,公司总员工数也仅60多人,却能维护这样庞大的业务规模。这正是数字化商业模式的强大能量所在。60多人可以管理百万人的网络社区,让社区拥有自觉的交易秩序,这在之前,是一个中型城市的一个专业管理机构才能够做到的事情。

二

所谓模式升维,就是把商业模式不断升级到越来越强的数字化商业模式。数字化商业模式的核心是实时互动,传统的媒介在社会经济的发展过程之中，曾经占据主导地位，但在今天，社交性和互动娱乐性组织正在大行其道，这些新的演变规律，正在将商业经济引向一个从来没有预料到的新领域。

其实在数字化时代，许多商业模式是以前时代完全没有的、彻底的创新模式。

比如脸书这样的互联网公司，它们的商业模式就是全新创造的。这些创新型商业模式的背后，是这个时代的新魔法——重大的技术创新。

我们现在生活在一个数字化时代，拥有极其强大的创新工具，其中非常强大的工具之一就是编程软件。随着编程软件的不断进步，释放了无数人的创新潜能。就拿微信来说，它本身也是一种创新工具，因为你可以通过编写小程序来拓宽自己的业务范围。

在数字化时代，企业需要这样的人才：他们不仅深刻理解数字化时代的精髓，也精通数字技术的应用，同时还对自己所在企业的业务有深入的了解。企业需要这样的人才来帮助自己的业务实现数字化升维。因此，现在企业最缺的，是能够将自身业务通过数字化进行升维的人才。

三

人人具备媒体性，这是信息化社会的基本特征，信息传播已经去中心化，这也导致我们很难获得真实的信息，权威媒体被淹没在信息海洋里，让独立思考和思辨变成了一种独特的能力，这意味着企业家和创业者需要有透过表面看本质的能力。网络不再提供完整的信息，一个企业的信息整合过滤和清洗数据的能力成为企业的核心能力。

美国人工智能界有一个重要人物叫山姆·奥特曼，据说赚了不少钱。不少人对他提出质疑，认为他并不真的理解人工智能的核心原理，他所讲述的，其实更多的是大众已知的常识而已。

实际上，许多讨论数字化商业模式的人也是如此，每个人的阐述都各不相同，每个人都有自己的见解，但又似乎没有人能说得特别清楚。这是为什么呢？因为整个社会，包括那些正在尝试数字化商业模式的公司，都还在不断探索中。目前还没有一个公认的、固定的定义来说明哪一种商业模式是最正确、最好的，能持续使用的。

以淘宝的商业模式为例，它曾被认为是数字化的典范，并曾一度非常成功。然而，随着拼多多的出现，淘宝也体会到了商业模式的变革压力。即使淘宝尝试进行商业模式的升维，但仍然面临着巨大的挑战，在拼多多的冲击下显得颇为吃力。

在快速变化的时代中，没有永恒不变的成功商业模式。

四

任何企业的商业模式，都是它独一无二的生活和生存方式。正如自然界中各种生物共同构成了生态体系，社会中的企业也是如此——它们各自独特的商业模式，或者说生存方式，相互之间是互补的，共同形成了一个复杂的生态系统。就像自然生态一样，所有企业都面临着持续增长的进化压力，因此不存在一成不变的最成功商业模式。为了生存下去，每个企业的商业模式都需要不断地进行升维。

在数字化时代，所谓的可持续发展，实际上就是成功地进行进化。没有一个确定的、绝对优秀的商业模式可以简单地被其他人复制和学习。唯一确定的是，每个企业都必须进行升维，否则就会面临被降维打击的压力。

如今，企业进行商业模式升维的基础在于，所有的消费者自己也在进行数字化商业模式（生活方式）的升维。每个人，就像企业一样，都在探索如何通过数字化方式提升自己的生存方式，从而更好地享受数字化带来的各种奖励。这意味着企业所面对的用户和市场也在不断进化，从而给企业带来了不断增加的进化压力。

企业的数字化探索从未停止。可能有些企业看似找到了最佳的运营模式，但这些模式能持续多久还是个未知数。淘宝的商业模式在拼多多的压力下需要升维，而拼多多又遭遇了抖音的冲击。抖音的商业模式不仅对传统商业模式构成了挑战，也对包括中央电视台在内的传统媒体中心式的模式形成降维压力，而其带货模式则进一步冲击了所有的数字化平台。

五

为什么现在的数字化商业模式的升维一直不能停下来？因为第四次工业革命不像第一次和第二次工业革命，第一次工业革命的时候出现的机器和蒸汽机为人类开启了巨大的升维空间，第二次工业革命的电力这种"新魔法"再次为人类带来了一次进化和升维的机会；而到了现在第四次工业革命，出现了好几样超级厉害的东西，如互联网、大数据、人工智能、区块链等，这些"新魔法"的丰富性远超历次工业革命，进化和升维空间大得惊人。因此，现在，大家都在数字化升维的道路上摸索着前行，无论是美国的公司，还是中国或其他国家的企业，都在探索如何应用这些新技术。

每个企业面临的一个确定的事实就是，它们的商业模式必须进行升维，不能停留在原来的水平，否则就会丧失竞争力。因为企业进化的"时间窗"实在是太窄了，稍不留神就可能落后。一旦别人完成了升维，你没跟上，就会面临被降维打击的局面，从而慢慢衰退。

商业进化力：寻找新质逻辑

# 数智时代的进化驱动因素

一

数智时代的进化驱动因素是观念的解放与理论创新。我们需要更加开放和创新的思维来适应这个时代的需求。这不仅是技术层面的挑战，更是思维和文化层面的革新。

教育体系的进化迫在眉睫。传统教育所面临的挑战不仅体现在知识更新的滞后，还因为它更深层次反映的是其教育模式是为匹配旧工业革命时代而制定的，与当前时代的需求之间是脱节的。世界各国许多教育体系已经开始了变革之路，以培养更多适合当代发展的人才。

麻省理工学院（MIT）通过其开放课程资源（MIT Open Course Ware）和在线学习平台（MITx），为全球学习者提供了接触前沿科技和跨学科知识的机会。斯坦福大学则通过与硅谷科技公司的紧密合作，将实时的行业动态和最新的技术趋势引入课堂，使学生能够在学习中直接接触到最前沿的技术和市场需求。

跨学科学习已成为未来教育的重要方向。以数据科学为例，它不仅涵盖统计学、计算机科学和数学等领域，还与经济学、社会学乃至生物学等多个学科交叉融合。教育机构正在逐步拆除学科间的壁垒，鼓励学生跨学科学习和研究，以培养能够适应未来社会需求的复合型人才。

教育体系的变革不仅要求更新教育内容，还需要改变教育思维和教学方法。跨学科的融合学习，行业的紧密合作，以及采用开放共享的教育资源，人类教育的进化正与进化压力赛跑，以更有效的方式培养学生的创新能力和实践能力，为他们在数智时代的发展奠定基础。

二

在数智时代，理论体系的更新与观念创新不仅是学术界的趋势，也是社会进步的必要条件。我们正处于一个跨学科研究的黄金时代，传统的经济学、社会学、管理学等学科正在与信息科学、数据分析、人工智能等新兴领域紧密融合，形成全新的研究范式。

利用大数据和人工智能技术，行为经济学已能更精准地预测市场趋势和消费者行为，为企业提供策略指导。管理学领域通过深度学习模型优化组织结构和提高运营效率，展示了信息技术对传统学科的深远影响。观念的解放和创新正推动着社会从根本上接受并适应这些理论更新。每个人成为信息的生产者和消费者，这种变化不仅改变了我们对知识和信息的看法，还促进了自我教育和个人成长。开源文化和协作平台如版本控制工具（GitHub）和维基百科（Wikipedia），不仅促进了知识的共享和创新，也成为观念创新在数字时代的典型例证。

随着技术的发展，人工智能在伦理和社会学领域的应用越来越多，引发了人们对机器伦理、数据隐私和算法偏见的广泛讨论。这些讨论不仅推动了新的政策和法规的制定，也促进了公众对科技影响的深入理解。在教育方面，STEAM教育（科学、技术、工程、艺术、数学）的兴起，反映了教育体系对培养创新思维和跨学科能力重视的增加。

三

理论体系的更新与观念的创新是数智时代进步的双引擎。通过跨学科的合作和知识共享，我们能够更好地理解和应对快速变化的世界。同时，通过鼓励思想的自由流动和创新，社会能够更加灵活地适应新兴技术带来的挑战和机遇。在这个过程中，每一个人都是参与者，共同推动着个人、企业乃至整个社会的持续进化。

# 第三章　解析商业进化之道

## 变革企业组织结构，适应新时代商业需求

一

在2011年的利比亚冲突中，美国及其北约盟友展示了现代战争中扁平化指挥和控制结构的运用。

在这次军事行动中，美国利用其先进的信息技术，实现了指挥控制的网络化和扁平化。战斗机飞行员在空中接收多个来源的实时情报，包括无人机、卫星和地面侦察报告，这些情报通过高度自动化的系统迅速整合和分析，然后直接传送给执行任务的飞行员和地面部队。这种信息共享和指挥控制的扁平化，极大地提高了任务执行的速度和精确度。

例如，北约在执行对利比亚的空袭时，一名在地中海上空巡逻的美国海军FA-18战斗轰炸机飞行员接收到了一个目标更新，这个更新是由几百公里之外的无人机操作员发现并经过指挥中心快速处理后发送的。在传统的层级指挥体系中，这样的信息需要经过多个层级的批准和传递，耗时很长。然而在这次行动中，通过扁平化的指挥链，飞行员几乎可以实时接收

到目标信息，从而能迅速调整飞行路线，执行精确打击。

在俄乌冲突中，马斯克的星链技术成了一个颠覆性的力量，为乌克兰提供了坚实的通信支持，极大地促进了扁平化战术的应用和发展。

比如在一个清晨，乌克兰的一支小型侦察部队在敌后进行秘密行动，收集敌方部署的情报，并迅速传回指挥中心。在过去，这样的任务充满了不确定性，因为传统的通信手段在战区经常受到干扰。但现在，侦察小队通过携带的星链终端，实时上传了敌方阵地的坐标和活动视频。这些数据通过星链网络直接传输到了数百公里外的指挥中心，几乎没有延迟。

在指挥中心，指挥官并没有单独做出决策，而是通过星链网络、无人机、预警机等先进技术，与前线的几支小队同时沟通，分享了收集到的情报。每支小队根据自己的位置和条件，提出了行动建议。通过这样的协作很快就制订出了综合的行动方案。

行动开始后，不仅小队能通过星链终端实时更新自己的位置和进展，指挥中心也能及时调整策略，协调各支小队的行动。

通过星链技术，乌克兰军队的指挥与控制实现了前所未有的扁平化，大大提高了反应速度和战斗效率。每个士兵都成了信息网络的一部分，能够直接贡献和获取战场情报，这在传统的层级化指挥体系中是难以想象的。

## 二

第四次工业革命的先进技术不仅在军队中引领着指挥与控制的扁平化革命，也在企业界催生了一场组织结构的重大进化。

海尔集团在面对激烈的全球竞争和快速变化的市场需求时，颠覆了传统的层级制组织结构管理体系，采用了"人单合一"的管理模式，让每一个员工都变成了一个独立的"创业者"，每个团队都成了一个小型的创业平台，他们直接面对市场，快速响应消费者的需求。这种扁平化的组织结构极大地激发了员工的创新精神和工作热情，也使得海尔能够更灵活地应对

**商业进化力：寻找新质逻辑**

市场变化。

　　海尔还引入了"赛马机制"，在内部形成了健康的竞争环境。每个团队都像是赛场上的一匹马，通过市场表现来竞争资源，优胜劣汰，从而确保了组织的活力和效率。随着时间的推移，海尔更构建了开放的平台，让外部的合作伙伴和创业者也能加入这个生态系统，共同创造价值。通过这一系列的组织结构变革，海尔成功地将自己转型为了一个互联网时代的智慧企业。

三

　　在当前充满挑战和变革的商业时代，企业组织结构的适应性和灵活性成为企业生存和发展的关键因素。为了更好地适应新时代的商业需求，企业需要在以下几个关键维度上实现进化：

　　提升信息交互和洞察质量，增强战略预见能力；

　　构建高密度人才企业组织，驱动创新和突破；

　　优化供应链响应能力，提升全球竞争力。

　　信息交流的高效性和市场洞察的准确性，要求企业能够收集和分析大量的数据，从中提炼出有价值的洞察，以预见并领航市场趋势，从而在组织结构上进化出降维优势。例如，阿里巴巴通过强大的数据分析能力，能够准确预测消费者需求，提前调整库存和物流策略。阿里巴巴在"云栖大会"上展示的大数据处理能力和对消费趋势的洞察，正是其在数字经济时代处于领先地位的体现。通过对海量数据的实时分析，阿里巴巴不仅能够为消费者提供更加个性化的购物体验，还能够帮助商家预测市场趋势，优化供应链管理，进一步提高整个平台的效率和效能。

　　社交媒体和在线用户行为数据的爆炸式增长，为企业提供了前所未有的市场洞察机会。通过分析这些数据，企业可以更深入地理解消费者的偏好和行为模式，甚至能够在某些趋势成形之前就捕捉到微小的信号。

信息交互和洞察质量的提升，要求企业在技术、人才和流程上进行全面的优化和升级。在技术方面，企业需要投入资源开发或采购先进的数据分析工具和平台，以支持对大数据的高效处理和分析。在人才方面，企业需要吸引和培养具有数据科学、市场分析和战略规划能力的专业人员。此外，企业还需要建立起一套高效的信息交流流程，确保从数据收集到分析再到决策制定的每一步都能快速高效地进行。

四

构建一个高密度人才企业组织，意味着其组织模式强调的是要将一群具有高技能、高智慧和高创造力的人才集中在一起，通过他们的集体努力，为企业解决最棘手的问题、探索新的机会，并最终驱动企业的持续发展。

世界上一些非常成功和非常具有创新力的企业，都是高密度人才组织。中国有华为、腾讯、阿里巴巴、字节跳动、360、百度；外国有谷歌、苹果、微软、亚马逊、脸书、三星、SAP、索尼、英特尔等。优秀人才是推动企业进化的最大动力。

构建高密度人才组织，企业必须在招聘过程中选择那些不仅技能出众，而且具备良好团队合作精神和创新能力的人才。此外，企业需要提供一个充满挑战且支持创新的工作环境，让人才能够发挥出最大的潜能。这包括提供必要的资源和工具，建立鼓励创新和接受失败的企业文化，以及确保有一个公平、透明的奖励机制来激励员工的创新和努力。同时，企业需要不断地投资员工的培训和发展，以帮助他们提升现有的技能并学习新的知识。

五

供应链在组织结构中的位置取决于公司的业务模式、战略重点以及对供应链管理的重视程度。

以往，在很多企业中，供应链管理是一个独立的部门，与生产、销售、研发等其他部门并列。在另一些组织中，供应链管理被视为运营或物流部门的一部分，尤其是在物流和供应链管理之间有较高重叠的公司。

在当代，随着供应链管理理念的发展，越来越多的企业开始采用跨部门协作的方式来处理供应链问题。这种模式下，供应链管理不是一个单独的部门，而是一个涉及采购、生产、销售、财务等多个部门协作的过程。在一些视供应链管理为公司战略核心的企业中，供应链管理或相关职能甚至会直接归属于一个高层执行官，如首席运营官或首席执行官。

因此，供应链在组织结构中的位置，揭示着企业对其战略重要性的认识。随着全球化和市场竞争的加剧，有效的供应链管理被越来越多的企业视为获取竞争优势的关键。因此，企业越来越倾向于将供应链管理作为核心职能来构建和优化，无论是通过独立部门，还是高层直接管理，都旨在提高整个供应链的效率和响应速度，以提高企业的整体竞争力。

例如，通过实施先进的供应链管理系统，像京东和海尔这样的公司能够实现准时的产品交付和库存管理，在降低物流成本的同时，提高了顾客满意度。这些系统利用大数据分析和人工智能算法，对消费者行为进行预测，从而优化了库存水平和物流安排，确保了在最低成本下实现最快速的交付。京东通过自建的物流网络和智能仓储系统，能够在我国范围内实现当日或次日达的快速配送，极大提升了顾客的购物体验。海尔在全球范围内推行的智慧物流系统，不仅提高了物流效率，还通过精准的库存管理减少了过剩库存，实现了资源的最优配置。

供应链的灵活性也是企业应对突发事件（如自然灾害、政治冲突或全球性疫情）的关键。2020年新冠疫情期间，许多企业的供应链遭遇到了前所未有的挑战，而那些能够快速调整供应链策略、寻找替代供应商并适应新的物流安排的企业，更容易在危机中生存下来，甚至转危为机。例如，一些企业通过多元化供应商策略和提高生产灵活性，成功应对了原材料短缺和运输限制的问题。

为了优化供应链响应能力，企业需要利用最新的技术，如云计算、物联网和区块链，以提高供应链的透明度，实时监控供应链状态，从而更快地响应外部变化。此外，持续的供应链创新和优化是保持竞争力的关键，企业需要不断探索新的方法和技术，以提高供应链的效率和灵活性。

## 六

杰克·韦尔奇曾经说过："如果变化的速度在外部快于内部，那么末日就不远了。"思考和主动应对，以自己的优势叠加数字智能化革命，这是现在非常重要的变革路径。

在第四次工业革命的大背景下，企业面临的进化压力和奖励促使它们不断探索和实施组织结构的变革。这种变革的关键作用在于提升企业的灵活性、创新能力和竞争力，使企业能够更快速地适应市场和技术的变化，更有效地利用新兴技术，更好地满足客户需求，从而不断进化。

# 提升战略领导力，塑造灵活性与创新文化

## 一

简一原则，用技术和审美重新定义产品，聚焦发力少数产品，这是乔布斯领导力的基本原则。引领移动互联网革命，用少数产品和一个生态就够了。

1997年，苹果公司正处于其发展史上的一个低谷期，几乎濒临破产。在这个关键时刻，史蒂夫·乔布斯重返苹果公司，给苹果公司带来了翻天覆地的变化。乔布斯不仅推出了一系列战略性的产品创新，包括风靡全球

**商业进化力**：寻找新质逻辑

的 iMac（1998 年）、iPod（2001 年）以及改变世界的 iPhone（2007 年），更为重要的是，他通过自己独特的战略领导力彻底重塑了苹果的企业文化。他强调创新思维、对产品完美的追求以及极致的用户体验，这些不仅仅是对产品本身的创新，更是一种对企业文化和思维方式的根本性改变。

乔布斯的领导力体现在他对市场趋势的深刻洞察以及对未来技术的前瞻预判。他不仅仅是推出了新产品，更是创造了全新的市场和用户体验标准。iMac 的推出不仅仅是技术上的突破，更是设计美学的一大飞跃，它以其独特的造型和色彩，成功吸引了大量消费者的目光，为苹果公司赢得了重要的市场份额。iPod 的推出则彻底改变了人们的音乐消费习惯，而 iPhone 的问世，则开启了智能手机时代，重新定义了移动通信工具的概念。

乔布斯对创新的执着追求，对产品细节的极致完美主义，以及对用户体验的深刻理解，共同塑造了苹果独一无二的企业文化。这种文化不仅鼓励创新和尝试，也培养了一种勇于接受挑战、不断追求卓越的企业精神。正是这种文化和精神，使得苹果能够在竞争激烈的科技市场中持续领先，成为全球非常具有创新性和影响力的科技企业之一。

## 二

战略领导力考验领导者如何在复杂多变的环境中制订和实施长远的计划与策略，来引领组织走向成功。这种领导能力的核心在于要怀抱着进化的大视野去看待当前的商业模式、战略选择和企业管理。在这里，最重要的领导者要有进化的知识和认知。

说到底，战略领导力其实是一种认知领导力。一个人如果他的认知不发生改变，那他在心理层面再怎么努力，也难以真正实现战略领导力。

乔布斯在 1997 年回归苹果时，当时的公司正处于财务困境和领导力危机之中，需要有强有力的领导来拯救公司。乔布斯回归初期，并没有立即成为 CEO，而是被任命为"顾问"。不久之后，由于他出色的领导能力和对苹果未来发展方向的清晰愿景，乔布斯很快就被任命为临时CEO。他的出色领导力，表现为他那迥异于其他人的认知和领导水平。

在乔布斯回归苹果之前，苹果的CEO是吉尔·阿梅里奥，他在1996年到1997年间担任苹果公司的CEO，但在他的领导下，苹果公司的财务状况并没有得到根本性的改善。虽然苹果在其领导期间进行了一系列的重组尝试，包括裁员和产品线的精简，但这些努力并没有阻止公司持续亏损。不能怪阿梅里奥没有把苹果公司领导好，因为他和其他重要领导者缺乏那种似乎像独属于乔布斯的战略认知。最终在1997年，阿梅里奥离开了苹果公司，乔布斯随后开始了他的第二次任期，这期间他将苹果带入了一个前所未有的成功时代。

每个人都被自己的认知所限，一个人的行动和选择，绝不会超越自己的认知范畴。一旦要求他超越现有的认知，他可能会感到风险重重，面对这种情况往往是选择不采取行动，而不是去执行。换句话说，他很难想到那些远超自己认知的解决方案，自然也就难以担负起战略领导的重任了。所以，要想真正做到战略领导，首先需提升自己的认知；其次，要在团队中聚集具有高度认知的人；最后，实质上要增强自己的判断力，这样才能从别人那里收集到关键信息，从而决定战略的方向。

## 三

战略领导力的关键，在于清晰定义组织的愿景、使命和目标，并有效地动员各种资源，协调各方面的努力以达成这些目标。

设定并传达一个引人共鸣的愿景至关重要，这种愿景不仅要能够激发员工的热情，还要能够引导他们朝着共同的长远目标努力。

回归后的乔布斯非常清晰地定义了苹果的愿景——创造革命性的个人产品，使人们的生活变得更好。

同样，当杰克·韦尔奇在领导通用电气（GE）时，提出"成为每一个业务领域的第一或第二"的愿景,这一清晰而具有挑战性的目标激励了公司的全体员工,推动了通用电气在多个领域的领先地位。

在处理复杂和不确定的环境时,战略领导者展现出的远见和勇气尤为关键。他们要能够根据当前的实际情况,做出既符合即时需求又不失长远规划的决策。这种能力在快速变化的市场中显得尤为重要。

乔布斯回归苹果后,立即采取行动简化了苹果庞大而混乱的产品线,将焦点集中在少数几个核心产品上。这一战略不仅减少了内部资源的分散,也使苹果能够集中精力创造出几款杰出的产品,如 iMac、iPod、iPhone 和 iPad。同样,在 2008 年金融危机期间,IBM 的领导层决定不仅保持在核心业务上的投资,还大力投入新兴的云计算和人工智能领域,这一前瞻性的决策最终为 IBM 开辟了新的增长点。

有效地分配和利用资源是实施战略的关键,领导者必须确保资源被分配到能够最大化组织利益的地方。华为的创始人任正非对此有深刻的认识。在华为早期,他就坚持将大部分资源投入研发和创新上,尽管这在短期内影响了利润,但长远来看,这些投资为华为建立起了强大的技术优势和广泛的国际市场竞争力。通过不断的技术创新和研发投入,华为不仅成功打造了从终端到网络、从云计算到智能数据的全方位竞争力,还成为全球领先的信息与通信技术(ICT)解决方案提供商,现在其产品和服务已经遍及全球 170 多个国家和地区。

四

创新文化是组织内部一种至关重要的氛围,它不仅能鼓励创新的思维和行为,而且能为新想法的产生和执行提供支持,从而促进组织的持续成长与发展。

乔布斯深刻地影响了苹果的企业文化。他所倡导的文化,核心在于对卓越无止境的追求,这不仅体现在产品的设计和功能上,也贯穿于公司的每一个层面。乔布斯强调每一个细节都要接近完美，从用户界面的直观性到产品外观的独特性，每一点都不容妥协。

这种对卓越和完美的执着，激发了苹果内部创新的火花。乔布斯鼓励团队打破常规，不断探索新的可能性。他相信，只有在一个敢于冒险、不惧失败的环境中，创新才能被孕育和蓬勃发展。苹果的众多里程碑产品，如iPod、iPhone和iPad，都是这种文化孕育的结果。

同时，乔布斯对团队合作的重视，也是苹果文化的一个重要组成部分。他认为，伟大的创意往往来自团队成员之间的碰撞和合作。在苹果，不同背景和专长的人才被鼓励共同工作，集聚智慧，以实现产品和技术的突破。

这种以卓越为追求的公司文化，吸引了全球范围内的顶尖人才。他们被乔布斯的愿景所吸引，被苹果创新的精神所激励，纷纷加入苹果，共同推动着公司向前发展。这些人才的加入，不仅加速了苹果产品的创新，也进一步强化了公司的竞争优势。

## 五

战略领导力的核心，在于认知的升维。要想真正实现战略突破，就应在认知层面进行升级。否则，当你在努力挣扎时，实质上是在用低维度的方法去与高维度的对手竞争，而这注定是徒劳的。

战略领导力，归根结底，是由个人的认知界定的。因此，战略领导者的认知水平，就成了企业能发展到什么程度、能走多远、起点如何的决定因素。企业进化的所有可能性，都受限于领导者的认知水平，所有决策都是围绕他的认知来做的。俗话说，"每个人都要为他的愚蠢付出代价"。但这句话说得不够全面。在企业中，每位员工都要为领导者的愚蠢买单。

无论是拥有战略领导力的，还是缺乏战略领导力的领导者，他们都渴望拥有这种能力。这就像不同政治体制下的国家都追求创新一样。而那些缺乏战略领导力的领导，就如同威权体制下的管理者，他们希望在保持陈旧认知和体制的情况内,依靠那老套的"三板斧"来实现目标,这实际上是一种典型的进化抵抗。

每个快速进化的时代,总有一些人代表旧时代做最后的抵抗。当降维打击到来时,也总会有进化抵抗者拼命地垂死挣扎。

## 培养高效能团队,实现协同合作与知识共享

一

中国从不缺乏人才,真正缺乏的是能够发掘、留住,以及充分利用人才、培养高效能团队的高明领导者。高明的领导者,能创造出一个让人才辈出的机制,并让机制激发人才的内驱力和创造力,但领导者兼建制者,从来都是稀缺的。

三国时期的故事为我们提供了生动的例证。曹操、刘备、孙权,这三位杰出的领袖都具备卓越的人才管理能力,三人都凭借自身的认知、胆识、理想和人才管理能力,组建了争夺天下的高效能团队。正因为如此,那个风云变幻的年代才涌现出了众多的杰出人才。其中,曹操以其敏锐的眼光和宽厚的胸怀吸引了如郭嘉、荀彧等一批策略家,通过给予足够的信任和自主权,让他们在各自领域大展拳脚;孙权则依靠周瑜、陆逊等一流的军事和政治人才,以及他对人才的细致关怀和合理利用,维持了江东的独立和发展,而刘备不仅成功邀请到了像诸葛亮这样的顶尖人才,而且让他愿意"鞠躬尽瘁,死而后已"地为蜀汉尽心尽力。

然而,诸葛亮本人,却是一个不会使用人才的人,也因此最终导致了"蜀中无大将,廖化作先锋"的局面。他容不得别人创新试错,错了就要

"挥泪斩马谡"。与刘备能够建立高效能的人才团队不同，诸葛亮过分依赖个人，事必躬亲，最终竭尽心力至吐血而亡。

在漫长的时间里，那些常胜将军能够逐步走到管理者岗位，一切都以成果论英雄，这看似绝情，却是企业选择机制坚硬的一面，没有成果的管理者是值得怀疑的，能持续打出结果的将军才是真正的将军。

二

高效能的团队不仅善于将企业的价值观管理、战略财务管理和业务战略管理变成一系列管理工具，还能将企业的文化和目标内化到数字化的管理工具中，让组织能够从一种分立的组织形态变成一种流程式的组织，这个时候，我们才认为这个团队具备管理能力。

高效能的团队对企业的进化至关重要，这样的团队是创新力的宝库，其成员们背景各异，思维方式多样，而正是这些差异才让他们能从不同角度看问题，想出让人眼前一亮的解决方案，助力企业不断地适应市场的变化，保持进化的步伐。

有了好点子还不够，能不能把它们变成现实才是关键。高效能团队就像是一台精密的机器，成员之间默契配合，快速响应，确保了企业的战略得以落地，推动了目标的实现。

高效能团队是吸引和保留人才的关键。谁不想在一个既充满活力又高效的地方工作呢？这样的工作环境自然能吸引一流的人才，他们的加入不仅能给企业带来新鲜血液，还能让整个团队的效能更上一层楼。

高效能团队还有利于领导力的培养。在这样的团队中，每个人都有可能面临更多的责任和挑战，而这正是锻炼未来领导者的大好机会。企业的未来，就靠他们。

三

微软于 2016 年 11 月宣布推出 Microsoft Teams（基于聊天的智能团队

**商业进化力**：寻找新质逻辑

协作工具），原因在于众多高密度人才企业中的普遍现象——这类企业中的主要生产力来自高效能团队。

随着2017年3月Microsoft Teams对Office 365商业用户的正式推出，这一平台迅速成为促进团队协同合作和知识共享的重要工具，尤其是在2020年新冠疫情大流行期间，远程工作成为新常态，Teams的日活跃用户数急剧上升，展现了其在支持企业继续高效运作中的关键作用。

Microsoft Teams的设计初衷，就是创建一个支持高效能团队的环境，其中协同合作和知识共享成了其核心功能。通过提供实时聊天、音视频通信、网络会议和直播功能，Teams让团队成员无论身处何地都能紧密沟通和协作，这种无缝的互动体验是协同合作的现代化表现，也是高效能团队运作的关键。

与此同时，Teams强大的文件共享和协作编辑功能，以及与Microsoft 365应用如Outlook、OneNote、Planner和SharePoint的紧密集成，使得知识共享成了一种自然而然的行为。团队成员可以轻松共享文件、同步更新项目进度，并实时协作编辑文档，Teams的自定义和扩展能力，还允许团队根据具体需求集成第三方应用，从而进一步促进了知识共享和协同合作。无论是项目管理工具、客户关系管理系统，还是其他专业应用，都能被无缝融入工作流程中，这为高效能团队的构建提供了强大支持。

协同合作是高效能团队的同义语，而知识共享则是实现高效能团队的重要方式。Microsoft Teams通过提供一个集成的平台，将团队成员紧密连接了起来，让协同合作成为创建高效能团队的目标，而知识共享则是实现这一目标的重要手段。

四

谷歌的"阿里斯托计划"（Project Aristotle）是探索第四次工业革命时代团队效能背后关键因素的杰出案例。通过深入研究，该项目揭示了促进团队高效运作的五大核心要素：心理安全、可靠性、结构与明确性、工作的意义，以及工作带来的影响力。

心理安全，指的是团队成员在相互交流时能够感受到的安全感，这种感觉让他们在提出问题、分享想法或承认错误时不会担心受到负面评价。这一发现强调了在团队中建立信任和尊重的重要性，为创新思维和坦诚对话提供了土壤。

可靠性则关注团队成员是否能够依赖彼此，确信每个人都会按时完成他们的分内工作，并完成质量高，这直接影响团队整体的执行力和成果。

结构与明确性强调了有清晰定义的角色、责任和目标对团队效能的重要性。这能够帮助团队成员理解他们各自的贡献方式，以及这些贡献如何汇集成团队的整体成果。

工作的意义和影响力让团队成员感知到他们的工作不仅对自己有意义，也对团队，甚至整个组织产生积极影响。这种感觉可以激发员工的积极性和投入度，促使他们在工作中追求卓越。

## 五

知识共享指的是组织内部成员之间自由交流信息、经验、技巧以及最佳实践的过程。这一过程不仅能够显著促进组织内部的创新活动，提高工作效率，还能在很大程度上增强团队的整体能力。

ShareNet 是西门子公司为了促进全球范围内员工之间的知识交流而建立的一个创新性平台。这个系统允许员工跨越地理和组织边界，自由共享他们在日常工作中积累的知识、经验以及解决问题的方案。通过这种方式，西门子的员工能够快速访问公司内部的巨大知识库，这不仅提高了解决特定问题的效率，也大大促进了跨部门乃至跨地区的协作和创新。

ShareNet 项目的成功实施，为西门子带来了显著的商业价值。例如，通过共享和复用先前项目中的解决方案，西门子能够显著缩短项目交付时间，并提升客户满意度。此外，这个平台还激励了员工之间的创新思维，通过常规的知识共享活动，员工可以得到新的灵感和想法，进而推动新产品或服务的开发。

更为重要的是，ShareNet通过其高效的知识管理和共享机制，加强了西门子在全球范围内的核心竞争力。它不仅优化了内部资源的配置和利用，还提升了企业的整体适应性和灵活性，使西门子能够更加有效地应对市场的变化和挑战。

六

要在企业中实现高效能团队、协同合作和知识共享。第一，应建立一个基于信任和心理安全的工作环境；第二，要明确团队的共同目标及每个成员的职责和期望；第三，要促进跨界合作；第四，要建立一种知识共享文化；第五，要利用现代技术工具，如云计算、社交媒体和协作软件，以支持远程协作和知识管理。

## 数字化商业模式，创造新兴技术的应用场景

一

张瑞敏在访谈当中劝告过年轻的创业者，现在的创业者如果只是在思考做一个产品，那成功的概率很小。在数字时代，要么创建一个独特的需求场景，要么做成一个生态。显然，时代变了，创业的门槛在提高。

在数字化飞速发展的时代，众多成功企业共同的特点，就是利用数字化商业模式来改变自身的运营方式，创造新兴技术的广泛应用场景，甚至引领行业的变革。

将传统商业模式向数字化商业模式转型，其实并没有想象中那么难，对于广大中小微企业来说，它们可以通过量身定制的应用创新，来解决自己企业的核心难题，根本不用像大企业一样开发大型的系统，请高大上的人才，如果像大企业一样只会掉到坑里面去。

比如有一家专注于生产定制家居装饰品的传统企业，要升维到数字化商业模式。原本，这家企业依靠自己的工厂进行生产，从采购原材料到生产成品，再到顾客家中安装，这一系列流程既耗费时间，成本又高。为了突破这种传统的经营模式，企业老板决定利用数字化方式建立供应链，把自己此前工厂的工作全部交给供应链厂家去完成，自己只需关注设计和安装。

他花了很低的成本建立了简化的数字化平台，与全国各地的优质工厂建立了合作关系，这些工厂根据统一的设计标准生产定制家居装饰品，然后直接发货到顾客家中进行安装。这样一来，整个供应链得到了有效的简化和优化。同时，通过在全国范围内设立运营中心，将设计师、门店、推广人员和生产厂家全部连接起来，不仅实现了本地订单的本地生产，大幅提高了订单处理的效率和速度，还实现了业务的大幅增长。

这家企业的商业模式转型，类似于汽车行业或苹果公司的模式，即将以前需要自己工厂完成的生产任务，外包给专业的供应链伙伴去完成。通过这种方式，企业不仅大大降低了生产和管理成本，还提高了生产的灵活性和市场响应速度。

这种模式的核心在于有一个量身定制的供应链系统。这个系统不需要复杂的技术开发，而是可以通过低代码平台快速搭建。这让企业即使在没有庞大技术团队的情况下，也能迅速实现数字化转型。

二

数字化商业模式，是指企业通过利用数字技术来创造、交付和捕获价

**商业进化力**：寻找新质逻辑

值的新方式。这种模式的核心在于使用数字工具和平台来优化业务流程、提高效率，并通过数据分析和互联网技术来更好地满足客户需求。

根据著名的商业模式画布，企业商业模式的数字化，其实是部分或全部模块的线上化。前面的定制家居装饰品企业，只是部分地实现了业务在线和协同在线，只涉及了商业模式画布的六个模块。比如，这家企业的业务在线主要涉及渠道、客户关系和收入流三个模块；而其协同在线则涉及关键合作伙伴、关键活动（或称关键业务）和关键资源三个模块。

相比来说，著名的互联网公司如拼多多，其商业模式是一个典型的业务在线模式，同时包含了组织在线、工具在线、协同在线、客户在线和交易在线。它通过互联网平台实现商品的展示、销售和分发，同时充分利用了社交网络来推广产品和吸引用户，涉及了商业模式画布的全部九大模块，因此普通企业不用也没必要完全学习拼多多。

拼多多的商业模式涉及商业模式画布九大模块的具体方式如下。

渠道（CH）。拼多多主要通过自己的应用程序和网站作为销售和分发的渠道，直接连接消费者和生产商，省去了传统零售中的多个中间环节。

客户关系（CR）。通过社交功能和团购机制增强与客户的互动，鼓励用户分享商品信息到社交网络，以达到口碑营销的效果。同时，通过提供各种优惠券、红包、秒杀活动来维护与消费者的关系。

收入流（RS）。拼多多的收入主要来源于交易佣金和在线广告。平台上的商家为了获得更好的展示位置和推广效果，需要支付广告费用。

关键合作伙伴（KP）。与广大的供应商和品牌商建立合作伙伴关系，提供平台，让他们能够更直接地触达消费者。同时，它也与物流服务提供商合作，确保商品能够高效地送达消费者手中。

关键活动（KA）。包括平台运营、用户增长和活动管理、数据分析以及维持供应链关系等。

关键资源（KR）。强大的技术平台、大数据分析能力、用户社群和品牌形象等。

价值主张（VP）。通过提供低价商品、便捷的购物体验和社交购物的新模式，满足了消费者对物美价廉商品的需求，同时为商家提供了高效的销售渠道。

客户细分（CS）。针对追求性价比的广大消费者，尤其是三、四线城市及以下地区的用户。

成本结构（CS）。主要包括平台维护、市场营销、数据分析、客户服务和物流配合等方面的成本。

## 三

第四次工业革命的特征之一是新兴技术的爆发和融合，这些技术包括但不限于人工智能（AI）、物联网、大数据、区块链、机器学习、云计算、增强现实（AR）和虚拟现实（VR）、3D打印等。这些技术单独或结合使用，可以创造无限多的应用场景。

前面提到的定制家居装饰品企业，其物流系统主要利用了云计算和大数据技术来创造新的商业场景。具体而言，该企业构建了一个数字化平台，通过云计算提供强大的数据处理能力和存储能力，并利用大数据分析优化供应链管理，实现了与全国优质工厂的高效合作。这样，企业就能够根据统一的标准生产，并直接将产品发货到工地进行组装，打通了整个供应链，提高了运营效率和市场响应速度。同时，该平台还实现了客户、门店、推广者和厂商之间的在线协作和交互，进一步提升了业务的协同在线和客户的在线体验。

而拼多多这家企业虽然是全球著名的电商，但在其商业模式中也只融合了三四种新兴技术，如大数据、人工智能、云计算和物联网等，以创造出其独特的商业场景。

具体而言：第一，拼多多利用大数据分析用户行为，个性化推荐商品，优化用户体验，并且对市场需求和消费者偏好进行精准分析，以支持其动态定价策略和商品推广；第二，通过人工智能技术，拼多多能够实现更智能的搜索结果、更准确的商品推荐和更高效的客户服务，如使用聊天机器人自动回答用户咨询；第三，拼多多依托云计算平台，处理海量的交易数据，支撑其庞大的在线零售业务，云服务为拼多多提供了必要的计算资源，确保了平台的稳定性和扩展性；第四，虽然拼多多主要是一个电商平台，物联网技术的应用可能不如其他领域那么直接，但在物流和供应链管理方面，拼多多可以利用IoT技术实现更高效的物流跟踪和仓库管理。

四

数字化商业模式的广泛应用，使第四次工业革命的新兴技术，在全球获得了无穷多的应用场景。

在商业领域，这种模式使信息发布、出版、市场营销、客户关系管理等活动变得更加高效、个性化和互动。通过社交媒体和搜索引擎营销，企业能够以前所未有的精确度到达目标客户群，从而实现营销活动的最大化效果。而数据分析工具的应用，则使客户关系管理变得更加科学，企业可以基于大数据分析结果，为其提供定制化的服务或产品，从而增强客户满意度和忠诚度。

在制造业领域，数字化技术的应用已经引发了一场革命。数控车间和机器人技术的广泛使用，不仅显著提高了生产效率和产品质量，还大大降低了生产成本。通过实时数据监控和分析，制造企业能够实现生产过程的精细管理，从而快速响应市场变化，并减少资源浪费。此外，智能制造还促进了产品创新，使企业能够在更短的时间内开发出满足消费者需求的新产品。

除了商业和制造业，数字化商业模式还在医疗、教育、金融等多个领域展现出了巨大潜力。在医疗领域，数字技术的应用正帮助医生实现远程诊疗、个性化治疗方案和智能化病情监测，这极大地提高了医疗服务的质量和效率。在教育领域，则通过在线课程、虚拟实验室等方式，实现了资源共享和个性化学习，打破了地域和时间的限制。在金融行业，数字化转型通过提供在线银行、移动支付、智能投顾等服务，不仅极大地方便了消费者，也为金融机构带来了新的业务增长点。

随着数字化技术的不断进步和应用创新，一些全新的业务模式和服务形态也正在孕育中。例如，共享经济模式的兴起，正是基于数字化平台的有效匹配和资源优化配置。此外，随着虚拟现实（VR）和增强现实（AR）技术的发展，未来我们可能见证更多的沉浸式体验应用场景，如虚拟旅游、在线实体店购物体验等。

五

数字化商业模式为企业打开了前所未有的新市场和创新途径。这种模式的灵活性和可扩展性意味着，无论是小型创业公司还是大型跨国企业，都有机会在全球范围内寻找和开拓新的客户群体。数字化不仅能够创造出新的消费体验，如通过增强现实和虚拟现实技术提供的沉浸式购物体验，也能推动产品和服务的创新，如通过智能设备和IoT技术实现的智能家居解决方案。

随着人工智能和机器学习技术的持续进步，未来的数字化商业模式将更加智能和自动化。企业将能够实时收集和分析数据，以更准确地预测市场趋势和消费者需求，从而做出更快速和更有效的决策。同时，区块链技术的应用将为数字交易和合同提供更高的安全性和透明度，进一步促进电子商务和在线金融服务的发展。

在制造业领域，数控车间和机器人技术的应用将继续推动产业升级和转型。这不仅能够提高生产效率和产品质量，还能实现更加灵活的定制化生产，满足消费者对个性化产品的需求。此外，随着3D打印技术的成熟，未来的制造业将能够实现更加灵活和经济的小批量生产模式。

## 六

在商业模式的数字化升维方面，国务院于2022年1月12日印发的"十四五"数字经济发展规划具有极高的实务性，它特别支持中小企业从迫切需要数字化转型的环节着手，而不是追求构建一体化平台——后者往往是大型企业的选择。该规划强调加速推进线上营销、远程协作、数字化办公和智能生产等应用的广泛实施，再由单个点的改进逐步扩展到全业务、全流程的数字化转型。

因此，无论是大型企业、中型企业还是小微企业，都可以并且应该立刻开始根据自己的业务需求和面临的挑战，推动数字化商业模式的进化。企业应积极探索并创造越来越多的新兴技术应用场景，以实现自身的持续成长和创新。

# 优化产品与服务，驱动数据决策与业务洞察

## 一

产品经理既是产品的开发管理者，也是第一个"折磨"产品的人，只有使用和极限测试，才能知道产品瑕疵出现在什么地方。在产品遇到客户之前，先要让企业的"蓝军部队"，对产品进行毫不留情的考验，现在这样的流程基本已经成为普遍的开发模式了。

在一家前沿科技公司准备推出其旗下最新款智能手表时，团队采纳了

一种创新的数据决策和业务洞察策略，通过深入洞察和精准数据分析来优化产品和服务。在这款智能手表的产品开发初期，公司精心挑选了一个代表性的目标用户群进行封闭测试，以收集宝贵的第一手使用反馈。

这款智能手表融合了一系列先进的健康监测功能，有心率监测、睡眠跟踪以及各类运动数据记录，以便为用户提供全面的健康管理解决方案。

在封闭测试阶段，用户反馈揭示了一个关键问题：尽管手表的核心健康监测功能深受用户喜爱，但其复杂的用户界面和某些功能的准确性问题严重影响了用户体验。这一发现成为公司后续产品迭代的关注重点。

基于这些反馈，公司迅速行动，对产品进行了数轮精心的迭代更新，简化用户界面并通过优化数据采集算法来提升功能准确性，从而大幅提高了用户体验。

进一步的数据分析揭示了另一项关键洞察：用户对于睡眠质量监测功能的关注远超预期。这一深入洞察促使公司进一步增强了该功能，改进后的功能不仅提供了更为详尽的睡眠分析报告，还根据用户个人的睡眠模式提出了定制化的改善建议。通过这一系列精准的数据驱动决策和针对性的功能优化，当这款智能手表最终登陆市场时，其经过精细打磨的特色功能迅速获得了市场的广泛认可，产品销量也显著增长。

二

企业优化产品与服务的过程，要求企业保持高度的探索性，不断寻求新的机会和创新点。

探索的重要性，体现在企业能够快速响应市场变化，及时调整其产品和服务以满足消费者不断演化的需求。参照市场选择"适者生存"的原理，企业将新产品或服务投放市场，经过市场的自然选择，最终留下那些最能满足消费者需求的产品。

实践中的数据分析，在这一过程中发挥着至关重要的作用。

**商业进化力**：寻找新质逻辑

以某家电子商务平台为例，该平台通过数据分析发现，用户对于个性化推荐的需求日益增长。因此，该公司决定开发一套新的推荐算法来优化其服务。初期，他们选择了一小批用户进行算法测试，并收集了用户对推荐准确性的反馈。基于这些反馈，平台不断调整算法，最终实现了个性化推荐的显著提升，这不仅增加了用户的购买转化率，也提升了用户满意度。

模仿生物界世代进化的迭代过程，以及模仿自然选择的用户参与，在产品和服务的持续优化中起着至关重要的作用。迭代过程意味着产品从最初的概念阶段到最终的市场推出，需要经历多次的改进和优化。用户反馈类似于自然界"性选择"测试，在这个过程中是一条宝贵的信息来源。

例如，某款新推出的健康跟踪应用，在最初的版本中收到了用户关于界面不够友好和某些功能缺乏准确性的反馈。通过持续的迭代更新，引入了更直观的界面设计，并优化了数据追踪算法，使这款应用最终获得了广泛的用户认可，并在相应的应用市场中获得了高评分。

再以一款游戏软件为例，开发团队在初期版本中加入了反馈机制，鼓励用户报告错误并提出改进建议。通过分析用户反馈，团队不仅修复了程序的漏洞和错误，还根据用户的建议增加了新的游戏功能和关卡。这种互动式的开发过程使得最终产品更加贴近用户的需求和期望，在游戏上市后迅速获得了巨大成功。

三

在当代企业经营中，数据已成为不可或缺的资产，它指导着企业从日常运营到战略规划的每一个决策。数据决策的概念强调利用数据来支持商业决策，以确保企业能够基于客观信息而非仅仅依赖直觉或经验进行决策。这种方法论在优化产品与服务的过程中尤为重要，它能够帮助企业精准定位市场需求、改进产品功能、提升用户体验，并最终实现商业目标。

企业在实施数据决策时，首先需要建立有效的数据收集和分析系统。

这不仅包括从内部系统，如销售记录、客户反馈以及产品使用数据中提取信息，也涵盖了对外部市场趋势、竞争对手动态等公开数据的分析。

例如，一家零售公司可以通过分析顾客购买行为数据，识别出哪些产品类别最受欢迎，哪些促销活动能有效提升销售额。通过这些分析，公司可以调整库存策略，优化营销计划，对产品线进行创新。

又如，一家在线教育平台通过分析用户学习数据，发现了用户在特定课程上的学习障碍。通过深入分析这些数据，平台不仅优化了课程内容，使其更符合用户需求，还改进了推荐算法，为用户推荐了更适合其学习进度和兴趣的课程。

通过数据分析发现新机会和进行策略调整的过程，不仅能解决现有问题，更关键的是它能够预见未来趋势，把握市场机会。

例如，通过分析社交媒体上的消费者讨论和反馈，一家时尚品牌能够捕捉到新兴的时尚趋势，提前规划下一季的产品线，从而在市场上抢占先机。

四

业务洞察赋予了企业深入理解市场趋势和消费者需求的能力。这种深入的理解不仅基于对历史数据的分析，还涉及对市场变化的敏感捕捉和对未来趋势的预测。业务洞察使企业能够在正确的时间以正确的方式作出决策，从而保持其产品和服务的竞争力。

获取业务洞察的渠道除了传统的销售数据分析，社交媒体监听、顾客满意度调查、市场趋势报告以及竞争对手分析都是重要的信息来源。例如，通过监测社交媒体上消费者的讨论和反馈，一家时尚品牌能够迅速捕捉到新兴的时尚趋势，及时调整其产品设计和市场策略。

在调整产品和服务策略方面，业务洞察的应用范围比较广泛。例如，饿了么利用顾客满意度调查和购买数据分析，发现了顾客对其即时配送服务和会员计划的高度接受度。这一洞察促使饿了么进一步优化其移动应用，加强了这些功能，从而增强了顾客体验，提高了顾客忠诚度和重复购买率。通过实时跟踪订单状态和提供个性化推荐，饿了么不仅提升了用户的使用便利性，还通过精准营销和会员优惠，进一步巩固了其市场地位，成为中国领先的在线外卖订餐平台之一。

结合数据决策和业务洞察的案例研究，显示出了这种方法的强大效用。京东通过分析顾客购买行为和搜索习惯的大数据，发现了顾客对快速配送服务的强烈需求。这一洞察促进了京东物流服务的创新和优化，如推出京东PLUS会员服务，提供当日或次日达配送选项。这不仅满足了消费者的即时需求，也进一步巩固了京东在电子商务领域的领导地位。

## 五

在优化产品与服务的过程中，数据决策让企业能够基于实际信息而非直觉作出决策，而业务洞察则提供了深入了解市场趋势和消费者需求的视角。结合这两者，企业可以更精确地调整其产品和服务，以满足市场的实际需求。

国内有人总结了非常精练的数字化理念：无数据不决策、无数据不运行、无数据不管理、无数据不会议。通过数字化有规模地进行决策。对于软件系统而言，需要在客户使用过程之中迅速迭代，提问题的客户都是优质客户，需要企业鼓励；但对于硬件系统而言，一次将事情做正确依然是铁律。

无数据不决策，有很多企业都在实践这一理念，规模越大的企业，数据决策做得就越彻底。当然对于相对大的企业来说，很多中小型企业获得的数据是不够全面的，反而让决策变得更加艰难。最后还是拍脑袋来决定。

# 中篇
## 进化的实现

# 第四章 技术驱动变革商业机会

## 数字转型的技术创新：发展新兴技术

一

技术开发需要和用户需求对齐，这是研发的基本原则，集成产品开发需要研究端对端的问题，能够在市场之中实现价值的技术才是企业应该关注的技术。技术开发者需要进行用户需求的洞察，要关注人类社会当中没有被满足的需求，对于现在的麻烦和问题，能把它解决了就是企业最大的机会。

在第四次工业革命快速进化的环境中，各行各业的领先企业通过数字化转型与应用创新，开辟了新兴技术的广阔应用领域。

在制造业领域，海尔通过应用数字化工厂和物联网技术，实现了从原材料采购到最终产品装配的每一环节的实时监控和数据分析，显著提高了生产效率。这种创新不仅实现了生产流程的自动化调整和故障预测，还通过精确控制生产参数，极大地提高了产品质量和生产线的调整灵活性，让其能够迅速应对市场需求变化。华为通过引入虚拟现实技术和智能制造，使得设计师和工程师可以在虚拟环境中协同工作，使得在产品开发阶段即可精确预见设计与实际生产之间的差异，大幅提高了设计效率和生产效率，缩短了产品从设计到市场的时间。蚂蚁金服利用大数据和人工智能技术，在金融服务领域引入了高度个性化的服务选项，使消费者能够享受到更加便捷和个性化的金融服务，推动了服务创新和供应链效率的提高，同时也极大缩短了新服务的开发周期和上市时间。

在消费品行业，海天味业通过数字化供应链管理和深入的数据分析，实现了从原料采购到成品分销的全流程透明化和智能化。这不仅加速了海天味业产品从概念到市场的时间，还使海天味业能够基于消费者行为和市场趋势的实时数据，灵活调整产品开发流程和市场策略，从而更精准地满足了消费者的多变需求。安踏通过数字化营销和产品个性化策略，引入了高度定制化的服务，如让消费者通过在线平台自己设计独一无二的运动鞋，这种创新不仅深化了顾客参与感，还通过社交媒体分享等方式，有效增强了顾客体验和品牌忠诚度，同时为安踏带来了前所未有的市场互动和品牌影响力。

在零售行业中，京东利用电商平台的广泛发展和供应链的数字化优化手段，如引入先进的预测分析工具和自动化仓库系统，显著提高了库存管理效率和配送速度。这些措施不仅降低了京东的运营成本，也加强了京东在激烈的市场竞争中的地位，使其能够更快速地响应消费者需求，提供更加便捷、高效的购物体验。阿里巴巴利用其电商平台的创新发展和供应链的数字化优化手段，特别是通过数据分析和云计算技术，彻底改变了零售的游戏规则。通过天猫和淘宝平台，阿里巴巴不仅为消费者提供了一种全新的、互动性强的无缝购物体验，极大地拓宽了其市场覆盖和用户基础，还为商家提供了深入的消费者行为洞察和市场趋势分析，帮助他们更有效地优化库存管理和个性化营销策略。

在能源管理和自动化解决方案领域，施耐德电气提供的智能监控系统和能源管理软件使客户能够实时监测能耗数据，通过预测性维护减少了停机时间，以及利用优化的能源分配策略显著提升了能效。这些解决方案不仅使客户在节能减排方面取得了显著成效，还在持续性能优化上赋予了他们前所未有的控制能力。西门子公司，通过利用数据分析和人工智能技术，为客户提供了一系列优化服务，这些服务能够精准分析机器和系统的运行数据，识别出效率低下的根源。

在金融服务领域，高盛通过数字化转型，发展了新的金融技术服务平台，为客户提供了更加个性化的服务。中国的平安银行通过"金融＋科技"和"金融＋生态"战略，大力发展数字银行业务，利用大数据、人工智能、区块链等新兴技术，为客户提供了更安全、更便捷、更个性化的金融服务。

## 二

数字化转型是一个利用数字技术来重新构想企业运营方式的过程，目的是提高效率、增强客户体验、开辟新的增长途径。

数字化转型的定义涵盖了非常广泛的领域，从客户关系管理和内部流程自动化到产品和服务的数字化创新，都有它的身影。它的范围可以从基础的IT基础设施升级，扩展到利用大数据、云计算、人工智能、物联网等前沿技术，从而重塑企业的业务模型和市场定位。这一转型的目的，在于使企业能够在数字经济中更加灵活、更具竞争力。

随着消费者行为的日益数字化，企业必须适应这些变化，以满足客户的新期望。同时，随着全球市场竞争的加剧，企业需要通过数字化创新来寻找新的增长点和差异化策略。此外，技术的快速发展也为企业提供了前所未有的机会，优化操作模式，提高决策效率，并创造新的价值。

数字化转型不是一个单一的项目，而是一个持续的过程，涉及企业的各个层面。它的成功实施，需要明确的战略规划、跨部门的合作，以及对新技术的深入理解和应用。只有通过这一过程，企业才能够在数字时代中脱颖而出，实现持续的成长和创新。

三

技术创新作为推动商业进化的关键因素，意味着企业必须持续探索和应用最新技术来优化其业务操作、提升产品服务质量，以及增强客户体验。这一过程涉及从云计算、大数据分析，到人工智能、物联网等一系列技术的应用，以使企业能够更精准地捕捉市场需求，更有效地进行资源配置，从而在激烈的市场竞争中保持领先地位。

许多技术创新是破坏式的。亚马逊利用云计算和大数据技术彻底改变了零售行业的竞争格局；特斯拉通过电动汽车和自动驾驶技术，重新定义了汽车行业的未来；阿里巴巴通过电子商务平台促进了全球贸易的便捷性，极大地扩展了小微企业的市场范围；网飞利用流媒体技术革新了内容分发模式，彻底改变了人们观看电视和电影的方式；Spotify通过数字音乐流服务，改变了音乐产业的盈利模式和消费者的收听习惯；Airbnb使用网络平台连接了全球房东与旅客，颠覆了传统的住宿行业；微信通过集社交、支付、服务于一体的超级应用，重塑了移动互联网的应用场景。从以上例子我们就可以看出，技术创新能够颠覆传统的商业模式，创造出全新的市场空间和商业价值。

技术创新还能够重塑产业链和价值链，促使企业向更高效、更可持续的方向发展。例如，通过引入智能制造技术，企业能够实现生产过程的自动化和智能化，在显著提高生产效率和产品质量的同时，降低能耗和废物排放。在供应链管理方面，数字化技术的应用使得企业能够实现更高的透明度和协同效率，有效降低运营成本，提升响应速度。

四

企业无论大小，都应将数字化转型和技术创新作为其核心战略的一部分。在这个过程中，企业需要识别和投资前沿技术领域，这要求企业领导层和创新团队具有高度的洞察力和远见，不仅意味着要持续关注科技发展的最新趋势，如人工智能、区块链、物联网、5G等，还要思考这些技术如何被应用到自身业务中，以推动效率提高和创造新的价值。此外，企业还要建立技术创新的生态系统和合作伙伴关系，要与科技公司、研究机构、行业协会等多方建立起紧密的联系和合作，共享资源、知识和技能，从而加速创新的步伐，以应对市场变化，赢得未来竞争优势。

# 人工智能的商业应用：提升自动水平

一

人工智能（AI）与机器学习（ML）是怎么回事？我们可以用工业革命前后200多年机床的发展来进行比喻。

在工业革命之前，我们的世界并没有机床，铁匠只能依靠双手和简单的工具塑形铁质，这是一种极为原始的手工艺。随着第一次工业革命的到来，机床虽然诞生，但它们还是初出茅庐，大多数作业难以实现自动化，因为蒸汽动力的限制让机床运转得并不理想。进入第二次工业革命，随着电力的普及，电动机床成为工业生产的主角，各式各样的机床应运而生，这个时期的机床需要技术精湛的工人来操作。

到了第三次工业革命，数控机床（CNC）的出现彻底改变了制造业的面貌。这时候，人们只需通过编程就能控制机床完成复杂精细的加工任务，即使是普通工人也能制造出高质量的产品，因为技术的进步使精密加工变得触手可及。

而在我们已进的第四次工业革命中，人工智能机床则预示着一个全新的时代。想象一下，这样的机床不仅不再需要繁复的代码编程，还能通过理解人类的语言，自我学习，自我优化。你只需告诉它："我需要一个如此规格、如此设计的零件。"它就能自主完成从设计到生产的全过程，相当于以前的数控机床，如今可以自己给自己编程了。这样的人工智能机床就在路上，就像自动驾驶和通用人工智能就在路上一样。

人工智能，是赋予机器类似人类智能的能力，使其能够执行复杂任务，如理解自然语言、识别图像、做出决策等。而机器学习，则是实现 AI 的一种方法，它让机器能够通过数据学习，无须针对每个任务进行显式编程。就像一个幼儿通过触摸和尝试学习区分热冷的过程，机器学习便是机器的"尝试学习"过程，数据就是他的"触感"。

## 二

人工智能与机器学习的基本原理，简单来说，它包括数据驱动的决策过程、模式识别与预测建模，以及自我学习与适应能力等方面。

AI 和 ML 的核心在于数据驱动的决策过程。这一过程中，机器不断从数据中学习，识别模式，从而做出决策。

例如，在制造业中，一家汽车零件生产企业使用 AI 和 ML 技术来监控生产线。通过分析从传感器收集的数据（如机器温度、振动频率、生产速率等），系统就可以学习并识别出什么时候一台机器将可能出现故障，或者生产效率将在何时低下。然后，它可以自动调整机器参数或提前通知维修团队进行维护，从而优化生产流程，减少停机时间，提高整体生产效率。这就像一个经验丰富的农夫通过观察天气变化和作物生长状况，就能准确预测最佳播种和收割时间。

机器学习中的模式识别能力，让机器能够识别出数据中的复杂模式，这些模式对于人类来说可能难以直接观察到。例如，在金融服务行业中，

**商业进化力**：寻找新质逻辑

银行使用机器学习算法分析客户的交易历史和行为模式，能够识别出潜在的欺诈行为。这些算法可以从成千上万的交易中识别出异常行为，如异常交易地点或金额，这些通过传统方法很难迅速发现。预测建模则进一步利用这些模式，对未来事件进行预测，如基于历史销售数据预测下一季的销售趋势；零售企业可以利用机器学习模型分析过往的销售数据、季节性变化、促销活动等因素，预测未来某一时间段内特定商品的销售量，从而更精确地规划库存和优化供应链管理。

AI 和 ML 的另一核心特征是其自我学习和适应的能力。这意味着机器能够基于新数据自动调整其行为，不断优化性能。

例如，在智能客服系统中，随着与用户的每一次互动，系统能够学习并理解用户的具体需求和偏好，自动调整其响应策略和推荐内容，以提高解答质量和用户满意度。这种自我学习能力使智能客服系统能够不断从新的交流中获得经验，优化自己的交互模式，从而在未来的服务中为用户提供更加个性化和高效的解答。这就像一位音乐家通过不断练习和演奏，学会如何在不同的场合下演绎不同风格的音乐，其技艺和适应能力会随着实践而不断提高。

如果觉得 AI 在工业系统中的应用，距离我们的生活比较远，那就错了。其实在医疗服务领域，融合数据进行诊断的医疗机器人才是更直观的应用，在导入数百万医疗案例数据之后，这个垂直 AI 事实上就是某一种病症的机器专家，在辅助医生进行快速诊断过程之中，能起到很强的赋能价值。以此类推，在养老领域，AI 和机器学习，同样能够创造出更加懂得老人需求的养老机器人，这又是万亿产业空间的应用场景。

三

AI 与 ML 在商业领域的应用范围非常广泛。在客户服务领域，AI 和 ML 的应用已经变得越来越普遍。聊天机器人就是一个典型例子，它们利用自然语言处理技术来理解客户的查询并提供即时响应。许多银行现在使用聊天机器人来处理常见的客户服务请求，如账户查询和交易处理。这些机器人能够 24×7 无休息地服务，显著提高了客户满意度和效率。

通过 AI 深入学习客户的偏好和行为，企业能够为其提供更加个性化的客户体验。这种个性化不仅体现在产品推荐上，也扩展到了客户服务中，使得每一次客户互动都更加贴合其需求和期望。

举例来说，在电子商务平台，通过分析用户的浏览历史、购买记录和搜索行为，AI 可以定制个性化的购物建议和促销信息，甚至调整网站界面以展示更符合用户偏好的产品。同样，在客户支持服务中，AI 系统能够识别客户的具体问题和历史交互记录，为其提供更加精准和个性化的解决方案，如通过自动化的聊天机器人在第一时间内给予反馈，或者将客户导向最能解决其问题的服务通道。

在产品推荐和营销领域，通过分析海量的用户数据，企业能够构建高度个性化的推荐系统，精确地向用户推荐他们可能感兴趣的产品或服务。

此外，AI 和 ML 也能在动态定价和库存管理中发挥作用。它们能够实时分析市场需求、库存水平和其他相关因素，智能调整产品价格和库存策略，以最大化利润和效率。

例如，在航空业，通过分析历史数据、季节性需求、预订趋势以及竞争对手的定价策略，AI 系统可以动态调整机票价格，以吸引更多乘客并提高航班的填充率。同样，在零售行业，AI 可以帮助商家根据销售速度、季节变化和促销活动实时调整库存量和补货计划，以防止库存过剩或缺货现象，确保了产品流通效率，同时优化了成本管理。

在运营优化方面，AI 和 ML 技术能够帮助企业优化供应链管理，通过预测分析来预测市场需求，优化库存水平，减少浪费，并提高整体运营效率。例如，通过预测性维护，企业可以利用机器学习模型来预测设备故障，提前进行维修，从而减少停机时间和维护成本。

风险评估也是 AI 和 ML 发挥重要作用的领域。在金融服务行业，机器学习模型能够分析客户的信用历史、交易模式等数据，从而更准确地评估贷款或信用风险。

四

在 AI 与 ML 为商业领域带来的革命中，推动智能化与自动化的关键因素主要集中在高质量数据的收集与处理、算法的创新与优化，以及技术与业务流程的整合三个方面。

数据是 AI 和 ML 项目成功的基石。高质量的数据收集与处理能力是推动智能化和自动化的首要条件。数据的质量、完整性和多样性直接影响着机器学习模型的训练效果和准确性。因此，企业需要对强大的数据收集和处理系统进行投资，以确保数据的质量和安全。

算法是实现 AI 功能的核心。随着计算能力的提升和算法研究的深入，从深度学习到强化学习，新的算法不断被开发和优化，使得 AI 系统能够更加精准地理解复杂模式，做出更加智能的决策。企业需要持续关注算法研究的最新进展，投资算法创新和优化，以提高其 AI 和 ML 项目的性能和效率。

将 AI 和 ML 技术与业务流程紧密整合，是实现智能化和自动化的关键。技术本身并不能创造价值，只有当它被有效地整合到企业的业务流程中，才能真正发挥其潜力，帮助企业提高效率、降低成本、增强竞争力。这要求企业不仅需要投资技术，还需要对业务流程进行重新设计和优化，以确保技术解决方案能够与业务目标和需求紧密对接。

五

AI 和 ML 的技术正向着更加高效、更加智能的方向迅速发展。随着算法的不断进步和计算能力的增强，AI 将在理解复杂环境、处理自然语言，甚至在创造性思维方面，取得更大的进步。

AI 和 ML 与其他新兴技术如区块链、物联网、边缘计算等的融合，预示着未来技术的发展将更加注重系统性和整合性。

例如，区块链的加入可以为 AI 提供安全的数据交换和存储解决方案，而物联网的广泛应用则为 AI 提供了前所未有的数据来源和应用场景。这种技术融合不仅能够增强系统的性能和安全性，还能够开拓全新的应用领域。

在这一节中，我们描述了一幅幅 AI 和 ML 未来应用的场景，虽有些景象尚待时日才能成真，却也预示着在不远的将来我们的世界如何被改变。然而，这些场景不过是第四次工业革命浪潮中，人工智能和机器学习推动进化的细枝末节，只占据其全球亿万应用的冰山一角。

如果你能俯瞰这个世界，那么无论是日照下明亮的大地，还是夜幕中神秘的暗影，你都能发现，在未来世界的每一个角落，AI 和 ML 的创新与应用正悄悄绽放。

对于每一个人来说，手机将变成超级人工智能机器人，可以感知周围环境，与主人互动；在遥远的山林里，机器士兵正在进行作战，降维打击人类对手；在火山的洞穴深处，探险机器人勇敢地深入地心；在 3000 米深海的海沟中，人工智能探测船寻觅着沉船遗珍或史前化石；而在火星荒凉的表面，成千上万的机器人正忙碌着，为人类的到来铺设道路，构建未来的家园……

商业进化力：寻找新质逻辑

# 云计算的大数据分析：支持实时决策

一

云计算的雏形可以追溯至1960年。在那个计算资源稀缺的时代，"分时系统"的提出标志着计算资源共享的初步探索，它允许多个用户通过终端同时访问一个大型主机系统。例如，一所大学的研究部门能够利用这一系统，让来自不同学科的研究人员共享一台计算机资源进行数据分析和研究工作，这在当时是一项革命性的进步。尤其是在处理复杂的数学计算和数据分析项目时，分时系统显著提高了研究效率和成果分享的速度。

然而，尽管这一概念为云计算的发展奠定了基础，但直到21世纪初，云计算才因互联网技术的迅猛发展而真正进入公众视野。这一时期，宽带互联网的普及、计算能力的提升和存储技术的进步共同推动了云计算的快速发展，很快就成为改变信息技术行业格局的关键力量。

例如，小型企业开始能够以低成本使用先进的CRM和ERP系统，这些系统以前只有大企业才能负担得起，云计算的这一应用改变了许多行业的竞争格局，使得小型企业也能在市场上更加灵活和更好地竞争。

紧接着，大数据技术的兴起成为云计算发展史上的另一个重要里程碑。在21世纪的第一个10年中，随着社会的数字化转型加速，世界范围内产生的数据量开始呈现爆炸式增长。这一趋势为大数据技术的发展提供了肥沃的土壤。企业和组织开始意识到，在这海量的数据中蕴藏着巨大的价值。于是，大数据分析逐渐成为企业洞察市场趋势、优化决策过程的不可或缺的工具。通过高效处理和分析庞大而复杂的数据集，大数据技术帮助企业获得了前所未有的业务洞察，不仅促进了企业的产品创新，还优化了企业的客户体验，提高了其运营效率。

云计算和大数据技术的结合，进一步加速了这一变革的步伐。

云计算提供了一个弹性、可扩展的平台，使大规模的数据存储和计算变得更加经济高效。同时，它也为大数据分析提供了几乎无限的计算资源。

二

云计算的核心价值在于它的服务模型和对企业运营模式的深远影响，这其中包括基础设施即服务（IaaS）、平台即服务（PaaS）和软件即服务（SaaS）三种主要形式。

在 IaaS 模型下，企业可以在云上租用服务器、存储和网络等计算基础设施，就像通过远程方式租用一个虚拟的数据中心，无须自己购买和维护物理服务器。

PaaS 提供了一个更高层次的集成平台，使开发者能够在云端创建、测试和部署应用，无须管理底层的硬件和操作系统，这就仿佛给软件开发者提供了一个无须自己搭建和维护的高效工作台。

而 SaaS 则是将软件作为一种服务直接提供给用户使用，用户可以通过互联网访问应用程序，而无须安装和运行应用程序的本地版本，就如同在手机上使用拼多多 App 一样方便。通过这些模型，企业能够根据需要来访问计算资源，而无须前期重资产投入，从而极大地提高了灵活性和响应市场变化的能力。

云计算通过其高效的资源管理和分配，显著降低了企业的 IT 成本。

传统的 IT 基础设施投资高昂，不仅初期投入大，而且维护成本会持续累积。云服务提供商通过规模经济，分摊了这些成本，让企业能够以更低的价格享受到先进的 IT 资源和服务。此外，云计算的按需付费模式进一步增强了成本效益，企业可以根据实际使用情况支付费用，有效避免了资源浪费。

在支持企业规模化扩展方面，云计算展示了其无与伦比的优势。随着企业不断成长，它们需要的计算资源也会增加。而云计算平台能够提供即时的资源扩展服务，帮助企业轻松应对业务增长带来的挑战，无论是存储需求的增加、计算能力的提升，还是跨地域扩展，云计算都能提供灵活的解决方案。这种扩展性不仅支持了企业的快速发展，也极大地缩短了产品上市的时间，为企业赢得了宝贵的市场先机。

云计算还极大地促进了远程工作与协作。通过云服务，员工可以随时随地访问企业资源，让协同工作不再受地理位置的限制。许多企业利用云计算平台，成功实现了跨国团队的无缝协作，这在新冠疫情期间尤为突出，云计算的这一优势帮助企业在挑战中寻找到了生存和发展的新路径。

三

大数据，顾名思义，指的是规模巨大、类型多样且生成速度快的数据集合。它们的关键特征是体量大、速度快、种类多、真值性高。在现代商业实践中，这些数据不仅来源于传统的商业交易，如顾客购买记录、库存流动性分析，还包括社交媒体上的用户行为分析，通过智能设备和物联网传感器收集的实时数据，以及政府发布的公共记录和统计数据等多种形式。

例如，零售商通过分析社交媒体上的趋势和消费者反馈，可以优化产品线和营销策略；制造业企业通过传感器数据监控设备状态，实现预测性维护；城市规划者利用公共交通和人口流动的数据来优化城市基础设施。这样丰富多元的数据来源，为企业提供了前所未有的洞察机会，使它们能够更精准地预测市场趋势、更有效地响应消费者需求、更高效地优化运营流程。

大数据分析的过程通常包括数据收集、处理、分析和可视化四个关键步骤。首先，通过各种技术手段收集数据，然后使用数据清洗和预处理技术整理这些数据，接着通过统计学、机器学习等方法分析数据，最后通过图表、报告等形式将复杂的数据结果转化为直观的信息，供决策者使用。

在商业应用方面，大数据分析能够帮助企业在多个层面做出更加精准的实时决策。例如，通过分析社交媒体上的消费者行为和舆情，企业可以迅速调整市场策略，以便更好地满足消费者需求。在供应链管理中，通过实时追踪和分析物流数据，企业可以优化库存管理，降低运营成本。

市场分析是大数据分析的另一个重要应用领域。通过分析消费者购买行为、市场趋势等数据，企业能够识别潜在的市场机会和风险。例如，零售商通过分析顾客的购买历史和在线行为，可以做到个性化推荐产品，从而提高销售额和顾客满意度。

消费者行为预测则是大数据分析力量的另一体现。通过机器学习模型来分析顾客的过往购买记录、搜索历史和社交媒体活动，企业可以预测顾客的未来购买行为，从而提前调整库存和营销策略。

四

云计算为大数据分析提供了前所未有的强大后盾。

在云环境中，企业可以访问到几乎无限的计算资源和存储能力，这对于处理和分析海量数据至关重要。传统的数据中心往往难以迅速扩展以满足日益增加的分析大数据的需求，而云计算平台的灵活性和可扩展性使得企业能够根据需要快速调整资源。

例如，使用云服务模型，如 IaaS 或 PaaS，企业就可以按需增减计算能力，这种按使用量付费的模式极大地减少了前期投资和运营成本。

此外，云计算和大数据的结合也促进了新应用的发展，智慧城市便是一个典型案例。通过在云平台上集成和分析来自城市各个部分的大量数据，如交通流量、能源消耗和公共安全信息，政府和企业就能够实现更高效的城市管理和服务优化。

健康医疗领域同样受益于云计算与大数据的融合。

通过云平台，医疗机构能够存储和分析巨量的健康数据，包括患者电子健康记录、医学影像以及基因组数据等。这种分析能力不仅支持了个性化医疗的实现，也极大地加速了新药的研发和疾病的早期诊断。例如，通过对大量患者数据的分析，研究人员可以识别出疾病模式和风险因素，从而开发出更为精准的治疗方案。

五

云计算和大数据分析在支持规模化与实时决策中能起到关键作用。随着技术的不断进步和应用场景的不断拓宽，企业采用云计算和大数据技术的重要性日益凸显。当下和接下来的时间里，云计算和大数据将不断发展，这些技术的进一步融合与创新将不断开辟新的领域和可能性，为企业提供更加深入的洞察力和更加精准的决策支持。

# 去中心化的区块链：改变信任机制

一

在2008年，一篇名为《比特币：一种点对点的电子现金系统》的论文给世界引入了一个全新的概念——区块链技术。这篇论文，出自一个笼罩在神秘之中的人物或可能是一群人之手，标志着比特币的诞生，同时也为区块链技术揭开了序幕。区块链技术最初仅仅作为比特币的支撑框架，但它不久便超越了其最初的应用，迅速成长为一种创新的技术体系。它的影响力逐步扩散，从金融领域迅速辐射到其他行业，开启了一场跨领域的革命旅程。

区块链的基本概念围绕着一个去中心化的数据库或公共账本,这个账本通过网络中的多个节点共同维护。每个区块包含一系列交易记录,并通过加密技术与前一个区块链结合,形成了一个不可被篡改和连续的数据链。这种结构不仅保证了数据的安全性和透明性,而且无须通过中心化机构就可进行验证和交易。

区块链技术的核心特性——去中心化、不可篡改性和透明性,为商业世界带来了前所未有的变革机会。

去中心化消除了对中心化信任机构的依赖,不可篡改性保证了数据的安全性和真实性,而透明性则提高了操作的公开性和可追溯性。这些特性共同作用,不仅推动了数字货币的兴起,也为供应链管理、智能合约、身份验证等多个领域提供了革新的可能。

## 二

区块链技术的核心,是一种分布式数据库,通过网络中的多个节点共同维护,每一个区块都记录着一系列交易,并通过加密算法与前一个区块连接起来,形成一个不可篡改的链。这种设计不仅保障了数据的安全性和完整性,也实现了去中心化,使得任何单一实体都无法控制整个网络。

区块链的类型多种多样,包括公有链、私有链和联盟链,各有其适用场景。公有链像比特币和以太坊这样,任何人都可以参与验证和读写过程,保障了极高的透明度和开放性。私有链则是受控于单一组织,适用于需要隐私和控制的场景。例如,沃尔玛使用区块链技术来追踪食品供应链,以确保食品安全和来源可追溯。联盟链介于两者之间,由多个组织共同维护,适合于行业合作。金融机构之间的跨境支付是联盟链的一个典型应用。例如,瑞波(Ripple)就是建立在联盟链基础上的支付协议,它允许银行之间直接进行实时跨境支付,减少了交易时间和成本。另外,联盟链在供应链

**商业进化力**：寻找新质逻辑

管理中也非常有用，特别是在需要多个利益相关方协同工作的情况下，如贸易融资和产品溯源。

## 三

随着区块链技术的快速发展，它在商业领域的应用场景日益广泛。

在金融服务领域，数字货币，如比特币和以太坊，是区块链技术最初和最著名的应用之一，它们通过去中心化的方式提供了一种全新的资产交换形式。

除了数字货币，区块链还大大简化了跨境支付过程，传统的跨境支付需要多个中介机构参与，费时费力。而基于区块链的支付系统则可以实现快速、安全、低成本的跨境资金转移，极大提高了跨境交易的效率。

供应链管理是区块链技术另一个重要的应用场景。

通过利用区块链的不可篡改性和透明性，企业能够实现对供应链上每一个环节的可追踪性和可视化。这不仅有助于提高供应链的效率和透明度，还能有效减少欺诈和错误，确保了商品从生产到消费者手中的每一步都可以被信任。

智能合约是区块链技术的另一项创新应用，它通过一种自动执行合同条款的计算机协议，实现了合同条件一旦被满足，相关操作便能自动执行，无须第三方介入。这种自动化和去中心化的特性，使得智能合约在众多领域展现出了巨大的应用潜力。

例如，在房地产领域，智能合约可以用于自动处理房屋买卖过程中的资金转移和产权登记，大大简化了交易流程，减少了交易成本和时间。一套房产的买卖通过智能合约来自动化执行，当买方支付了购房款项到智能合约指定的区块链地址后，智能合约便自动验证支付的正确性和完成度，进而触发产权转移的操作，将房产登记为买方所有，整个过程无须传统的房地产中介或律师介入，极大地提高了效率。

在法律领域，智能合约能够自动执行合同条款，为合同执行提供了一种无须人工介入且透明可验证的机制。这对于那些标准化、条款明确的合同尤其有用，比如版权转让协议或简单的服务合同。通过智能合约，双方可以确保一旦合同条件被满足（或违约），相应的法律效果（如资金支付、服务交付或罚款）将自动产生，这样就极大地降低了合同执行成本和纠纷解决的复杂度。

在金融服务领域，智能合约的应用更为广泛，包括自动化的贷款发放、保险赔付、股票交易等。如自动化保险赔付，智能合约能够根据预设条件（如某种特定的自然灾害发生）自动确定保险理赔的资格并执行赔付，从而大大减少了理赔过程中的人工审核时间和成本，提高了处理效率和客户满意度。

另外，身份验证和数据管理成为区块链技术发挥巨大作用的又一领域。随着个人信息安全和隐私保护的重要性日益凸显，区块链技术通过其独特的去中心化和强大的加密特性，提供了一种安全、可靠的身份验证和数据管理新方案。

在爱沙尼亚，已经在其公共和私人服务中广泛应用了基于区块链的身份认证系统，允许其公民在完全控制个人数据的同时，享受政府服务、健康保健和银行服务等。通过这种模式，用户可以确保自己的身份信息和数据安全，而无须依赖于任何中心化机构。这不仅大大增强了个人隐私和数据安全，也为数字身份验证和数据管理设定了新的标准。

四

区块链技术使得去中心化组织（又称分布式自治组织，DAO）的概念和实践成为可能。

去中心化组织是基于区块链技术的自动化和自治的组织形式，它通过智能合约实现组织的运营管理，使组织的决策过程更加透明、民主和高效。

去中心化组织的出现标志着一种全新的组织管理模式的诞生。与传统的中心化组织不同，DAO 没有中心权威或单一控制点，所有的决策都是通过组织成员的投票来实现的，而投票权通常与持有的代币数量相关联。这种模式不仅降低了管理成本，还提高了决策的透明度和公平性。

例如，一个名为 The DAO 的去中心化自治组织在 2016 年引起了广泛关注。它通过发行代币募集了价值 1.5 亿美元的以太币，旨在资助那些得到持币人支持的项目。虽然由于安全漏洞导致资金被盗，但 The DAO 项目展示出了去中心化组织巨大的潜力。

去中心化组织的另一个重要特点是，其拥有很大的自主性。由于基于区块链技术，DAO 的运作不依赖任何外部权威机构。这种自主性意味着 DAO 可以跨越国界，无须传统法律体系的直接介入就能进行运作。这为国际合作和新型商业模式的创建提供了前所未有的可能性。

DAO 的优势不限于自主性和透明度，还包括民主化的决策过程。每个成员都有权参与决策，这促进了更广泛的参与和更高的组织承诺。此外，由于决策过程完全透明，所有成员都可以监督和验证决策的正确性。

五

区块链技术凭借其固有的去中心化特性，彻底重新塑造了信任机制的构建方式。

在传统商业模式中，信任通常是通过中心化机构如银行、政府以及其他第三方机构来保障的。这些机构扮演着信任的中介角色，它们确保着交易的安全性与可靠性，但这样的机制往往伴随着高昂的交易成本和效率低下的问题。

以比特币为例，这种数字货币的出现和流行，展示了区块链技术如何使得个体能够直接、安全地进行交易，而无须依赖传统的信任中介。通过一个全球性的节点网络来验证和记录交易，比特币系统提供了一个无须中央权威机构的支付方式，从而大大降低了交易成本，提高了交易效率。这不仅证明了去中心化信任机制的可行性，也展示出了区块链技术在现代经济中的革命性作用，还提供了一种新的方式，使个体间的直接交易变得更加安全、快捷而可靠。

随着区块链技术的不断成熟和应用，继续研究和探索这一领域已成为重要的进化趋势。区块链技术自诞生以来就广受关注，不仅因为其与比特币等加密货币的紧密关联，还因为其可能彻底改变多个行业的基础设施，成为推进第四次工业革命的关键"魔法"之一。

## 物联网的工业4.0：实现高效生产

一

智能物联网，或称 IoT，是源于 20 世纪 90 年代末期的概念，即通过互联网连接日常物品，使之能够接收和发送数据。比如，通过网络连接智能冰箱，能够监测食品存储并向用户推荐购物清单，或是智能门锁允许用户远程控制家中的安全系统。

这一概念是巨大的商业进化魔法，开启了无数的创新应用和商业模式，从智能家居系统中的温度自动调节、照明控制，到工业领域的监控系统能够预测设备故障并自动调整生产线的运行状态，智能物联网正在逐步渗透到我们生活的每个角落。

随着技术的发展，特别是云计算和大数据技术的进步，智能物联网的潜力被进一步放大。如今，借助云平台的强大计算能力和海量数据的分析处理能力，智能物联网不仅正在加速优化个人生活和企业运营，还在智慧城市的构建、精准农业的发展等领域中，为实现高效生产和可持续发展铺平了道路。

与此同时，工业4.0的概念应运而生，标志着第四次工业革命的到来。这一革命以智能制造为核心，强调的是通过高度数字化和连接的生产系统，实现制造业的自动化和智能化。

从19世纪的蒸汽机和机械化生产，到20世纪的电气化和自动化，再到今天的信息技术革命，每一次工业革命都极大地推动了生产力的飞跃。工业4.0不只是技术革新，它还代表着一种全新的工作方式和商业模式，其中大数据、云计算、人工智能等技术发挥了核心作用。

## 二

工业4.0一词最初于2011年在汉诺威博览会上被提出，它标志着第四次工业革命的开始，这一革命的核心在于利用互联网技术实现工业生产的数字化和智能化。

工业4.0依托于一系列前沿技术，这些技术包括大数据分析、云计算、物联网、人工智能（AI）以及机器学习等。这些技术的结合不仅使得生产过程更加智能和灵活，而且能实现资源的最优配置，提高生产效率和产品质量，同时减少浪费，推动可持续发展。

以西门子在工业4.0领域的卓越实践为例，该公司通过将尖端的数字化技术与智能制造的理念深度融合，树立了行业标杆。特别是在德国安贝格的电子工厂（EWA），西门子利用其技术创新，部署了一系列前沿的自动化设备和智能系统，成功实现了在同一生产线上高度个性化而又大规模的生产模式。这种创新不仅体现在生产效率的显著提高上，更在于生产过程的智能化管理——这些生产线能够无须人工干预，自行调整和优化生产流程，利用实时数据分析就能确保每一环节的生产效率和产品质量都达到最优水平。

西门子安贝格工厂的数字化双胞胎技术，是一种使用模拟实际生产过程的技术，能够在生产启动前预测和优化生产效果，从而极大地降低了实验和调整成本，加速了新产品的市场推广。此外，该工厂还采用了先进的物联网技术，使得机器设备能够实时收集和交换数据，从而实现了设备维护的预测性策略，显著降低了意外停机时间，进而保证了生产线的高效运转。

三

自动化与智能化的融合使得生产过程更加灵活和高效。借助先进的传感器技术、人工智能算法以及机器学习，生产设备能够实时监控生产状态，自动调整生产参数以应对不同的生产需求。

宝马在其汽车制造工厂中引入了智能机器人和自动化生产线，这些机器人能够根据实时反馈的生产数据自动调整操作流程，从而提高了生产效率，缩短了产品上市时间。此外，通过实施预测性维护，宝马能够提前识别设备的潜在故障，从而减少了生产中断，确保了生产流程的顺畅。

在供应链管理领域内，智能物联网与工业 4.0 技术的运用正成为推动透明度和效率的关键力量。通过对实时数据的交换和深入分析，企业不仅能够实现对供应链的全面透明化管理，而且能够有效地预测市场需求的变化，并做出快速响应。

以亚马逊和沃尔玛为例，这两家全球零售巨头通过部署先进的智能追踪系统，实现了对原材料和产品流动的实时监控，极大地优化了库存管理，显著降低了因供应过剩或短缺而带来的风险。

亚马逊利用高度自动化的仓库和复杂的算法，来确保订单能够迅速准确地被处理和发货；沃尔玛则通过全球性的供应链信息系统，实现了货物从供应商到店铺的无缝跟踪。这种高度的供应链透明度不仅提高了运营效

**商业进化力**：寻找新质逻辑

率，还加强了这些企业对于快速变化的市场环境的适应能力和响应速度。

在提升产品质量与安全性方面，智能物联网和工业4.0技术同样展现出了巨大潜力。通过集成高精度的质量控制系统，企业能够实时监控产品质量，及时发现并纠正生产缺陷。同时，智能安全系统能够预测潜在的安全风险，保障生产人员的安全。

海尔和宁德时代都是工业4.0和物联网应用的典型企业。

海尔以其在智能家电和物联网领域的创新而闻名。它实施了名为卡奥斯（COSMOPlat）的智能制造平台，这是一个开放的工业互联网平台，通过物联网技术实现了设备、用户和服务的全面连接。海尔的智能家电不仅能够实现设备之间的互联互通，还能根据用户的使用习惯和偏好进行个性化定制，极大地提升了用户体验。此外，海尔还采用了用户到制造商（U2M）的模式，直接根据用户需求来驱动生产，这一模式是工业4.0理念的典型应用，能有效提高生产效率和产品质量。

宁德时代主要专注于电动车用锂电池的研发和制造。它通过引入自动化生产线、智能物流系统和大数据分析等技术，建立了高度数字化和智能化的生产体系。这些技术的应用不仅提高了宁德时代的生产效率和质量控制能力，还使得宁德时代能够实时监控生产过程中的各个环节，从而快速响应市场变化和客户需求。

法国施耐德电气部署了一系列高精度智能传感器于关键生产线环节，如原材料输入、组装过程和最终检测阶段，这些传感器能够实时收集数据，包括温度、压力、电流和电压等关键参数。收集之后利用先进的数据分析工具，施耐德电气就能够从这些海量数据中，快速识别出可能导致产品质量降低或生产安全性问题的迹象。例如，通过对温度和电流异常的早期检测，可以预防设备过热导致的故障，从而确保电气产品的高质量和生产过程的安全性。同时，施耐德电气采用智能能源管理系统，该系统集成了物联网技术，能够监测整个生产设施的能源消耗情况。通过实时数据分析，系统能够识别能源使用中的低效环节，如非生产时间的能源浪费、设备老化导致的能效降低等。然后，基于这些分析结果，智能能源管理系统就会自动调整能源分配和使用策略，优化生产过程中的电力、气体和水的使用。此外，系统还支持将可再生能源，如太阳能和风能，集成到能源供应中，来进一步支持可持续发展。

## 四

随着智能物联网与工业 4.0 技术的不断演进和融合，我们正见证着生产效率和可持续发展的巨大跃进。这一技术变革不仅极大地提高了生产过程的自动化和智能化水平，还优化了供应链管理，确保了产品质量与生产安全性，为企业带来了前所未有的效率和灵活性。

# 第五章　全生命周期管理企业组织

## 变革与组织重构：实现流程优化

一

变革管理是帮助一个人或一群人，甚至是整个公司，从现在习惯的做事方式平稳过渡到一种新的、更希望达到的状态。就像是从用旧手机换到用新手机，需要学习怎么操作，然后适应它。在这个过程中，变革管理就是帮助，并确保这个过渡尽可能顺利，尽量减少遇到的困难和不适应。这包括帮助人们接受新的工作方法、新的公司文化、更新的流程和最新的技术。

变革管理关注的范围很广，从制订新计划、改善工作流程到升级系统技术等都包括在内。关于它的理论是随着时间，跨越了好几个学科慢慢发展起来的，从最早只关注工作效率，到后来更多地考虑到人的感受和工作满意度，不断地融入新的思想和实践经验，形成了一个既考虑人又考虑流程和技术的全面管理领域。

组织重构，是变革管理中的一个实践领域，具体就是在公司或任何一个组织里，为了更好地达到目标、提高工作效率或者应对外部环境的变化，对公司的结构进行调整和改变。这种调整可能包括改变职责分配、合并一些部门、减少员工人数、设立新的工作岗位或者改变管理的层次。通常这样做的目的是解决工作效率不高、对市场变化反应不够快、提高与其他竞争者的竞争能力或者适应新的工作计划和战略。

以通用电气（GE）为例，这家历史悠久的跨国公司在杰克·韦尔奇的领导下，经历了一场深刻的组织重构和文化变革。

韦尔奇在20世纪80年代末期提出了"边界无限"的概念，推动了公司向更加灵活、去中心化的方向发展。通用电气通过精简管理层级，促进信息流通，成功地将企业转型为了一个更加高效、响应迅速的组织。此外，通用电气还大力推行六西格玛管理方法，通过精确的数据分析，不断优化流程，提高了产品和服务的质量。这些改革举措显著提高了通用电气的市场竞争力和盈利能力。

## 二

在变革管理的理论与模型中，库特尔的8步变革模型和ADKAR模型是最为人们所熟知和广泛应用的。

库特尔模型强调从增强紧迫感开始，到创建领导联盟、制定愿景和策略、传达变革愿景、授权广泛行动、产生短期胜利、巩固成果并产生更多变革，最终将新方法固化到企业文化中。

ADKAR模型，则从个体的角度出发，强调变革的成功需要注意到每个员工的感受和反应。它通过关注个体的意识、愿望、知识、能力和巩固五个方面，来确保变革能够在员工心中扎根，从而推动整个组织的变革。这种模型强调个体在变革过程中的重要性，认为每个员工的转变是整个组织成功变革的基础。

微软在进入21世纪的第二个十年时，面临云计算、移动互联网等新技

**商业进化力**：寻找新质逻辑

术的挑战。在萨蒂亚·纳德拉的领导下，微软不仅在技术上进行了转型，更重要的是，通过变革管理，微软成功地从一家以 Windows 和 Office 为中心的软件公司，转变为了以云计算和服务为中心的公司。在这一过程中，纳德拉采用了与库特尔和 ADKAR 模型相结合的变革管理策略，不仅重新定义了公司的愿景和使命，还通过一系列内部沟通和培训活动，确保了每位员工都能理解和支持这一变革，最终成功地实现了企业文化和业务模式的根本转变。

## 三

组织重构的目标，是通过改善公司的架构来让公司更有竞争力，做决定更快，激发新的创意，并且最终更好地完成公司的业务目标。简单来说，就是让公司的运作更加高效、创新，以此来达到公司的目标。

在重构的早期，一项关键任务就是对当前组织结构的效率和弊端进行全面评估。这通常需要通过内部调研、员工访谈以及业务流程的分析来完成。例如，宝洁公司在进行组织重构前，通过深入分析，发现了其市场响应速度慢和决策层级过多的问题。这两个发现为后续的重构工作提供了明确的方向。

一旦评估完成，接下来就是制订重构的计划，并对其进行实施。这一阶段涉及的关键步骤包括重新设计业务流程、调整组织结构，并确保这些变革能够得到有效的沟通和实施。在这个过程中，员工的沟通尤为关键，因为它直接影响着变革的接受度和最终的成功率。

宝洁公司在重构过程中采用了多种沟通渠道，包括员工大会、内部社交平台等，确保了每一位员工都能理解重构的意图和期望的结果。

随着计划的逐步执行，流程和结构的调整开始显现效果。在这一阶段，持续的监控和评估是必不可少的。通过定期的绩效回顾和调整，组织可以确保重构的方向和步骤与预期的目标保持一致。如果在实施过程中发现了新的问题或者机会，组织也需要灵活地调整重构策略。

四

组织结构和流程的优化过程不仅涉及对现有流程的细致审查，还包括对组织架构的精心设计和调整，以确保它们都能够支持企业的长期战略目标。

在流程优化的方法和技巧中，精益管理和六西格玛是两种最为广泛应用的策略。

精益管理侧重于消除浪费、提高效率和增加客户价值，是通过不断地改进来优化生产过程和服务交付的。

丰田汽车公司通过实施精益生产系统，成功地减少了其生产线上的不必要步骤，显著提高了生产效率和产品质量。

六西格玛则侧重于减少变异和缺陷，并通过统计方法来改进业务流程。采用六西格玛方法的通用电气通过精确分析客户服务流程中的每一步，成功降低了服务差错率，提升了客户满意度。

在结构优化方面，扁平化管理和矩阵结构提供了两种不同的视角。

扁平化管理能够减少组织层级、促进信息的快速流通和决策的高效执行。这种结构特别适用于那些追求敏捷性和快速响应市场变化的企业，例如，华为和海尔就是通过扁平化管理来优化组织结构的。

华为大力推行"小而美"的组织结构，将大型部门拆分为了一系列较小、更灵活的业务单元，这些单元能够快速响应市场变化、加速产品开发和客户服务过程。华为还实行了独特的轮值CEO制度，进一步简化了管理层级，确保了领导层对市场和技术趋势的敏锐洞察。

海尔推行了名为"人单合一"的管理模式，在这种模式下，每个员工都被视为一个独立的创业者，围绕着用户需求自己组织团队，直接对市场负责。这种组织结构的变革不仅缩短了海尔的产品开发周期，还大幅提升了顾客满意度和市场响应速度。

矩阵结构，则是一种更为复杂的组织设计，它允许员工在不同的项目和职能部门之间共享，从而促进跨部门的合作和资源的有效利用。

西门子和腾讯都是通过矩阵结构来优化组织结构的。

西门子长期以来一直采用矩阵管理结构，以应对其广泛的产品线和全球市场。在西门子的矩阵结构中，公司被分割成多个业务单元和地区单位，每个单位都有自己的管理团队。同时，员工可能同时隶属于业务单元和地区单位，这样的结构促进了不同功能部门之间的协作，如让工程、销售和研发部门能够更紧密地合作，共同推进项目的进展。

腾讯也采纳了矩阵式的组织结构来优化其庞大而复杂的业务，它将业务分为多个事业群（BG），如社交网络、在线媒体和技术等，并在这些事业群之下设立了多个产品线和职能部门。员工根据项目需要，在不同的产品线和职能部门之间进行流动。这种结构的设计增强了跨部门间的合作，尤其是在产品开发和市场推广方面，有助于整合不同产品线的技术和资源，加速新产品的上市速度，并提高了公司整体的运营效率。

实施这些方法和技巧时，关键在于将它们与企业的具体情况相结合，包括企业文化、业务目标和员工能力。这意味着，尽管存在广泛认可的最佳实践，但最有效的流程和结构优化策略也应当是定制化的，要能够反映出组织独特的需求和挑战。

五

在变革管理的过程中，企业经常面临多种挑战，其中员工抵抗和沟通不畅是最为常见的两个问题。

对于员工抵抗，谷歌公司采取了一种独特的方法来应对。

在推行其内部变革项目时，谷歌通过创建一个透明的沟通环境和提供员工参与变革的机会，有效地减少了员工的抵抗情绪。例如，通过举办

"TGIF"（Thank God It's Friday）会议，公司高层与员工进行开放式沟通，共同讨论变革计划，并回答员工的疑问。此外，谷歌还鼓励员工通过内部论坛表达他们的担忧和建议，以确保每个人的声音都能被听到。

在沟通不畅的问题上，思科系统公司采用了一种创新的"视频博客"方式来提高沟通效率。高层管理人员定期发布视频博客，向员工介绍变革的最新进展和即将到来的变化。这种方式不仅使得信息传播更加直观，也帮助员工更好地理解变革的目的和意义，从而增强了员工对变革的支持。

在组织重构与创新文化的建立方面，IBM展示了如何在重构过程中培养创新与实验文化。

IBM通过建立一个名为"创新工厂"的平台，鼓励员工提交和实验他们的创新想法。公司为这些项目提供必要的资源和指导，让员工有机会将他们的想法转化为实际的产品或服务。

宝洁公司在其组织重构的同时，推行了一项名为"Connect + Develop"的开放式创新计划。通过与外部专家、研究机构和其他公司合作，宝洁成功地引入了外部的创新资源，加速了新产品的开发过程。

## 六

在企业整个生命周期中，搞好变革管理意味着公司能够发现并实行必需的改变，能够确保公司各个层面同步工作，这样就可以减少阻碍和不确定性，增加变革成功的机会。通过重新设计组织结构和工作流程，组织重构不仅让企业的运作变得更有效率，还为创新和找到创造性的解决办法提供了机会。这种变化能够促进公司内部的交流和合作，激发员工的创新力和参与感，从而增强公司的内在活力和在市场上的竞争力。

# 创新与文化营造：鼓励风险试错

## 一

华为的创新文化深植于公司的 DNA 中。该公司投入了巨大的资源用于研发，每年的研发投入占公司营收的比重非常高，在全球范围内设有多个研发中心。公司鼓励创新思维，允许员工自由地探索新技术和解决方案，即便这些探索可能不会立即产生商业成果。华为认为，创新是公司长期发展的关键驱动力，而试错是创新过程不可或缺的一部分。

华为的创始人任正非曾多次强调，要容忍失败，鼓励实验。华为有着明确的机制来支持创新项目，包括为员工提供必要的资源和环境，以及建立一个容错的组织文化。华为的这种创新和试错文化，使其在 5G、人工智能、云计算等领域保持领先地位，并不断推出行业领先的产品和技术。

华为还重视开放创新，与全球的大学、研究机构以及其他企业合作，共同推动技术进步和行业发展。

## 二

对于公司来说，不断创新是保持成长和竞争力的必要条件，也是适应不断变化市场的关键。但是，要想真正做到创新，公司就必须建立起特别的氛围——一个大家都敢于尝试新鲜事物、不怕失败，并且能从失败中学习的环境。这就是所谓的实验文化，它鼓励大家大胆尝试和冒险，哪怕这些尝试最后可能不成功。通过这样做，公司就能够找到新的方法，来推进技术和服务的发展。

实验文化的关键在于怎么看待失败。在很多传统的公司里，失败常常被看作丢脸的事或者是损失，这个看法会非常阻碍创新。但如果把失败看成是学习和成长的机会，公司就能更灵活地适应市场变化，也能更快地创造出新东西。华为就是个很好的例子：把失败当作尝试的一部分，华为不仅成功推出了很多成功的新产品，更关键的是，它还培养出了一种既鼓励创新思维又持续推动创新的强大文化。这样的文化不仅吸引了全世界超聪明的人才，还帮华为在市场上一直保持领先。

### 三

在当今企业界，创新文化的推广面临着一项根本性挑战：对失败的恐惧。这种恐惧在许多组织中根深蒂固，已成为阻碍创新进程的一大障碍。诺基亚在智能手机时代初期未能及时适应市场变化，部分原因就是公司文化中对新技术的过度谨慎。

诺基亚担心新技术的引入可能导致品牌形象受损，从而影响自身市场地位。这种对失败的恐惧心理导致诺基亚在智能手机技术和市场趋势上的犹豫不决，最终导致了市场份额的大幅下滑。

这种恐惧并不局限于某一行业或文化，它是全球企业面临的普遍问题。以美国百视达公司（Blockbuster）为例，这家曾经的视频租赁巨头对在线流媒体技术的采纳持保守态度，内部对失败的不容忍造成了巨大的心理压力。管理层和员工害怕尝试数字化转型，因为他们担心这样的变革如果失败，可能威胁公司的生存。这种文化最终导致了百视达在与网飞等在线视频服务提供商的竞争中败下阵来。

当企业文化不鼓励风险承担和失败接受时，员工可能会选择避免任何可能导致错误的尝试。这种行为模式不仅减少了创新的机会，也阻碍了企业学习和成长的能力。创新并非总是一帆风顺的过程，它需要通过不断尝试、失败和改进来逐步实现。因此，企业需要认识到，创新的路径充满了不确定性和挑战，只有通过鼓励尝试和接受失败作为学习过程的一部分，才能真正推动创新和发展。

正是在这样的背景下，对失败的合理容纳成为推广创新文化的关键。一些领先的企业已经开始实施各种措施来克服这一障碍，如设立内部"失败奖"来表彰那些敢于尝试，但未能成功的创新尝试。这些措施不仅有助于改变员工对失败的看法，也为企业营造了一个更加开放和包容的工作环境，从而激发了员工更多的创新思考和行动。

四

在创新与实验文化的营造过程中，领导层的示范作用至关重要。

华为的创始人任正非就是通过自身的行为和决策，展示出了对创新和尝试新事物的支持。

任正非经常强调"客户导向"和"失败是创新过程的一部分"，并将这些理念深植于华为的文化之中。他通过启动高风险的项目，如5G网络技术研发，亲自展示了如何从失败中学习，并最终取得成功。这种领导方式鼓励了华为内部的创新精神，使得公司能够持续推出革命性的产品和服务。

为了进一步支持实验文化，建立支持性的组织结构是必不可少的。

百度公司通过其"爱发明"政策，为员工提供了一个独特的创新平台。在这一政策下，员工被鼓励在工作中探索和实验新技术，即便这些技术与他们的主要工作职责不直接相关。这种结构不仅赋予了员工探索新想法的自由，也为百度带来了包括人工智能和自动驾驶技术在内的多项革新产品。百度的成功充分证明了当企业给予员工时间和资源去探索和实验时，可以激发出无限的创造潜力，并为企业本身带来长远的益处。

此外，制定合理的失败容忍政策对于营造实验文化也是至关重要的。阿里巴巴集团通过其"快速迭代"原则，鼓励团队快速测试新想法并从中学习。阿里巴巴认识到，通过快速识别哪些想法不可行，公司可以更有效地分配资源到有潜力的项目上。阿里巴巴的这种方法减少了对失败的恐惧，鼓励了更广泛的尝试和探索。

## 五

在推动创新和实验文化的过程中，还有其他企业的成功实践为我们提供了经验和启示。例如，声田（Spotify）以其独特的组织结构和文化，成了支持创新实验的典范。该公司采用了"小团队"模式，每个团队或"小队"都有自己的自主权，负责从概念到产品的完整开发周期。这种结构促进了跨功能合作，加速了创新的实验过程，允许团队快速响应市场变化，并从失败中学习。声田还定期举行"创新周"，在这一周内员工可以自由地工作于任何项目，从而鼓励了跨团队合作和创新思维的碰撞。这种开放和自主的文化使声田持续推动着音乐流媒体行业的创新。

另一个值得关注的例子是迪士尼的皮克斯动画工作室。皮克斯的成功在很大程度上归功于其独特的公司文化，该文化鼓励创意自由和团队之间的坦诚交流。皮克斯设立了"脑力激荡"会议，任何人都可以在会议中自由地提出想法和反馈，无论某些想法有多么荒谬。这种环境促进了创意的自由流动和持续的创新实验，帮助皮克斯制作了多部广受欢迎的动画电影，并保持了行业的领先地位。

## 六

在历次工业革命的进程中，企业无一例外地面临日益增加的进化压力，这种压力既源于技术进步的飞速发展，也源于市场需求的不断变化、全球竞争的加剧以及社会经济结构的深刻转型。在这样的背景下，创新尤为关键，它是企业应对进化压力、把握机遇以及维持竞争力的主要手段。

商业进化力：寻找新质逻辑

## 学习与知识管理：重视持续分享

一

在全球企业中，谷歌以其前瞻性的知识管理策略而著称。该公司不仅通过内部知识分享平台，如谷歌协作平台（Google Sites），促进了跨部门的信息流通，还通过亚里士多德计划（Project Aristotle）深入研究了团队效能，揭示了心理安全、可靠性、结构与明确性、工作意义和影响等因素对团队成功的影响。这些平台和研究成果，不仅加深了员工对有效团队合作的理解，也为知识的积累和应用提供了坚实基础。

谷歌还特别重视从隐性知识中提炼和分享经验教训。公司内部定期举行的技术会谈（TechTalks）系列讲座，邀请了来自不同领域的专家，来分享他们的知识和见解。这些讲座不仅覆盖了技术创新、产品设计、市场趋势等多个方面，还包括健康、个人成长等非技术主题。

除了技术会谈，在谷歌学习（Learning at Google）系列则专注于提供更为系统化的学习资源和课程。从编程语言到领导力培训，从数据分析到心理健康，这一系列课程满足了员工在多个层面的学习需求，支持了他们的职业发展和个人成长。

二

组织学习是指在一个组织里面创建、获取、分享和保持知识的过程，目的是让整个组织能够不断进步和适应周围环境的变化，从而提升自己的表现。这个概念之所以重要，是因为它能帮助组织不仅应对眼前的变化，还帮助组织预见到将来可能面临的挑战，并为此做好准备。

组织学习对企业发展的影响是多方面的。

提升创新能力，是组织学习显著的贡献之一。以腾讯公司为例，其创新文化鼓励员工利用工作时间探索新的想法，这种自主学习和实验精神催生了无数创新产品，如微信等。这种组织学习的实践不仅增强了腾讯的市场竞争力，也成为促进员工个人成长和满意度的关键因素。

此外，组织学习能显著增强企业适应外部变化的能力。在快速变化的市场环境中，如何快速响应并适应这些变化已成为企业生存和发展的关键。例如，比亚迪股份有限公司在面对新能源汽车市场的挑战时，通过组织学习和快速适应市场变化，成功转型并推出了一系列电动汽车产品，占据了新能源汽车市场的领导地位。

组织学习还深刻影响着员工的成长与发展。员工作为组织的一部分，其成长和发展直接关系着组织的整体能力。通过建立持续学习的环境，员工能够不断提升自身的知识和技能，从而更好地贡献于组织的目标。网易公司通过实施全面的学习和发展计划，如在线课程、研讨会和个人发展计划，有效地支持了员工的职业成长和知识更新，进而提升了整个组织的创新能力和竞争力。

三

在当代企业的运营中，知识管理扮演着核心角色，特别是在促进组织学习和创新方面。

知识被分为两大类：显性知识和隐性知识。

显性知识易于编码、记录和分享，如手册、程序和数据库中的信息。隐性知识则包含个人的洞察、经验和技能，通常难以言传，但对企业创新同样重要。

一个典型的知识管理流程会涉及知识的创建、存储、分享和应用四个

**商业进化力**：寻找新质逻辑

阶段。在这一流程中，企业不断地将个人的隐性知识转化为组织可用的显性知识，进而推动知识的积累和创新。

IBM公司通过其先进的知识管理系统，如康格诺（Cognos）和沃森（Watson），有效地管理了大量的数据和信息。IBM利用这些工具，不仅存储了大量的显性知识，还通过数据挖掘和机器学习技术，从这些数据中提取出了有价值的洞察和知识，进一步促进了知识的创新应用。

另一个例子是宝洁公司。它实施了名为"连接+发展"（Connect + Develop）的知识管理战略，鼓励与外部创新者合作分享知识。通过这种方式，宝洁公司不仅扩大了其知识库，还加速了新产品的开发过程。通过与小型企业和独立发明家的合作，宝洁成功创新了一系列产品，而这种跨界合作的成功在很大程度上得益于有效的知识管理和分享。

知识的创建和分享不限于企业内部，还包括与外部环境的互动。谷歌的开源软件项目，如涨流量（TensorFlow），就是一个促进知识分享和应用的典范。通过将这个机器学习库开源，谷歌不仅促进了技术社区的学习和创新，还加深了自身在人工智能领域的知识和技术积累。

四

构建一个学习型组织文化，开放交流和奖励学习与分享是基石。

例如，腾讯控股有限公司通过创建名为"腾讯大学"的平台，来鼓励内外部知识的共享与合作，从而加速了创新过程。该平台不仅促进了腾讯与全球研发团队的合作，还吸引了数千名独立发明家、科学家和工程师参与。腾讯还强化了内部的学习和分享文化，通过定期举办的知识分享会议和工作坊，鼓励员工分享成功案例和学习经验，从而激发了团队的创新灵感和解决问题的能力。

华为通过建立一个内部的知识管理平台，允许员工轻松访问公司内部的研究报告、技术文档和最佳实践指南。这个平台不仅提供了一个中央化的知识库，方便员工随时获取所需信息，还通过社区论坛和博客来鼓励员工分享个人的见解和经验。同时，华为利用在线学习平台提供各类培训课程，从技术技能到管理能力，支持员工的持续学习和职业发展。这种强大的技术支撑，使知识的传播和应用变得更加高效，大大提升了组织的整体知识管理能力。

五

在企业面对进化的压力时，除了创新，组织学习和知识管理、持续学习与知识分享也是企业应对快速变化环境的重要手段。这些策略使企业能够紧跟最先进的知识和思想，不断地吸收外部的新信息和内部的实践经验，从而促进企业文化和战略的适时调整和优化。

## 绩效与效能评估：建立有效机制

一

企业的效能评估与绩效管理，是旨在提高组织和员工绩效的系统性方法，绝非压榨和剥削员工的机制。在应对由工业革命引发的技术革新和市场变化所造成的进化压力时，这两者发挥着关键作用，能帮助企业明确发展方向、鼓励持续创新、加强适应能力、提高员工参与度，同时优化资源配置以增强竞争力。

效能评估关注的是评价和提升员工在工作中的表现，以确保员工的工作目标与企业的总体目标一致。

绩效管理则是一个更为广泛的概念，包括设定清晰的工作目标、持续监控员工的工作进度、提供定期的反馈、进行绩效评估，以及基于评估结果实施奖励或发展计划。

绩效管理的概念可以通过谷歌公司采用的目标与关键结果（OKR）框架得到生动的体现。

OKR框架助力谷歌设定了清晰的工作目标，并通过关键结果的具体指标持续监控员工的工作进度。

假设谷歌公司为其软件开发团队设定了一个季度目标：提高搜索引擎的用户体验。对应的关键结果则包括"搜索结果加载时间减少20%"和"用户满意度提升15%"等。

在这个过程中，谷歌通过定期的会议和进度更新系统，为员工提供反馈，以确保所有团队成员对目标进度有清晰的了解。通过这种方式，团队成员可以看到自己的工作是如何直接贡献于公司宏观目标的。

到了季度末，进行绩效评估时，如果发现搜索引擎的用户体验有明显提升，那么相关团队或个人就可能获得奖励，或是个人发展计划上的进一步机会。例如，对于超额完成关键结果的员工，谷歌可能提供技术会议的参与机会或是更高级别项目的参与资格，这个做法的好处是在以此作为奖励和激励的同时，能促进员工的个人成长。

二

绩效评估是任何组织成功管理其人力资源的关键组成部分。通过采用科学的评估原则和方法，组织能够确保其员工的工作表现与组织的整体目标保持一致。

以下是几种广泛应用于不同行业和企业中的绩效评估方法。

1.设定SMART目标，即目标应当是具体的（Specific）、可衡量的（Measurable）、可达成的（Achievable）、相关性（Relevant）和具有时限性（Time-bound）。

英特尔公司通过采用"目标管理"（MBO）的方式，要求员工设定与公司战略目标相符合的个人 SMART 目标。这种方法不仅清晰地界定了员工的工作期望，还通过具体的量化指标，使绩效评估变得更加客观和易于管理。

2."360度"反馈，是一种全面评估员工表现的方法，它涉及同事、上司、下属甚至外部客户的反馈。这种方法的一个成功案例是德勤咨询公司，它通过"360度"反馈机制，创建了一个全面的员工绩效评价体系。这种方法不仅增加了评估的多样性和全面性，还能帮助员工从不同角度了解自己的强项和改进领域，从而促进个人和职业的发展。

3.自评与上级评价结合使用，可以促进自我认知和个人发展。

IBM 公司就是通过引入自评和上级评价相结合的方式，来鼓励员工自我反思并识别自己的成就和改进领域。这种方法不仅提高了员工的自我管理能力，还加强了员工与管理层之间的沟通和理解。

4.关键绩效指标（KPI）是量化目标与成果的重要工具。

亚马逊通过设置与其业务战略紧密相关的 KPI，如客户满意度指数、订单处理时间等，有效地监控和评估了员工的绩效表现。这些 KPI 不仅为员工提供了明确的工作目标，也为管理层提供了基于数据的决策支持。

三

绩效管理是一个连续的循环过程，包括计划、监控、评价、反馈和发展五个关键步骤。

在计划阶段，雀巢公司给我们提供了一个典型的成功案例。该公司与员工共同明确绩效期望和目标设定，以确保这些目标既有挑战性又可实现，且与公司的长期战略紧密相连。通过这种方式，雀巢确保了每位员工都清楚自己的工作目标，以及这些目标如何支持公司的总体发展。

在监控阶段，这是绩效管理过程中不可或缺的一部分，强调实时追踪进度与表现。谷歌使用其开发的内部工具和平台，如 gPerf，来监控员工的工作进度和绩效。这种实时数据收集和分析确保了问题可以及时被识别和解决，同时为绩效评价提供了准确的数据支持。

在评价阶段，以微软为例，在过去，微软采用等级制度来评价员工绩效，但后来改为更加注重团队合作和个人成长的模式。通过定期进行的绩效评估，微软不仅能评价过去的成绩，还能关注员工的成长潜力和未来的发展方向。

在反馈阶段，以亚马逊为例，它采用了一种结构化的反馈机制，即所谓的"双向门"（Two-Way Door）策略，鼓励开放和诚实的沟通。通过这种方式，亚马逊确保了员工能够收到及时和具有建设性的反馈，帮助他们识别改进的领域，并鼓励创新和风险承担。

在发展阶段，强调基于评估结果制订定个人发展计划。IBM利用其全球绩效管理系统，为员工提供定制化的培训和发展计划。通过这种个性化的发展计划，IBM确保员工能够获得必要的资源和支持，以实现职业发展和提高工作绩效。

四

绩效管理系统不仅是评价员工过去表现的工具，也是推动组织变革和实现战略目标的关键力量。

西门子公司通过其绩效管理系统支持了其广泛的组织变革计划。西门子把绩效管理作为一种工具，来确保员工目标与公司的长期战略目标一致，从而推动了公司从传统制造业向数字化企业的转型。通过定期的绩效评估和反馈，西门子成功地将员工的工作重心转移到了创新和持续改进上，促进了公司文化的转变。

谷歌通过鼓励员工设定和追求个人OKRs（目标与关键成果），不仅实现了组织目标，也促进了一种以目标为导向的工作环境和文化。这种鼓励创新的文化，增强了员工对公司目标的认同感和参与感，使得谷歌能够持续地引领技术创新和市场变革。

绩效管理系统在促进员工感受到更强的归属感和参与感方面发挥着重要作用。宝洁公司通过"每个员工都是 CEO"计划，赋予了员工更大的自主权和责任感。通过这种方式，宝洁不仅提升了员工的绩效，也增强了员工对公司的忠诚度和归属感。

绩效管理的真谛在于激发和培养员工的内在潜力，促进其个人和职业成长，而非单纯依靠加班来提升产出。一个高效的绩效管理系统，应能在确保工作成效的同时，兼顾员工的福利和满意度，以此为基础来激励他们创新思维和工作效率的提高。这种方法远离了通过简单延长工作时间来追求短期业绩的低效策略。

将剥削性的绩效管理视为一种进步是错误的；实际上，这种做法是一种倒退，它固执地拒绝接受更文明的管理方式。总之，有效的绩效管理应当是一个开放、进取的文化，以促进知识共享，并鼓励员工积极参与和贡献自己的创意。只有这样，才能真正促进组织和个人的共同成长和进步。

## 领导与员工参与：推动变革行动

一

谷歌公司的成功，在很大程度上归功于其高度重视领导力和员工参与。这家科技巨头通过一系列策略和实践，鼓励员工积极参与公司的创新和决策过程，从而促进了组织的全面变革。

谷歌的领导层深知领导力不仅仅是指挥和控制，更是激发和赋能。他们采用的是一种非传统的领导方式，即所谓的"放手式管理"，通过赋予员工更大的自由度来激发创新。这种管理方式能让员工感到他们的意见被重视，并且有能力对公司的发展方向产生影响。例如，谷歌的"20%时间"政策允许员工将高达20%的工作时间用于任何他们感兴趣的项目。这一政策诞生了诸如Gmail和AdSense等重要产品。此外，谷歌还非常重视建立一个支持和鼓励员工持续学习和成长的环境。通过提供各种培训课程、工作坊以及访谈会，谷歌确保了员工能够不断发展新技能，并保持对行业发展趋势的敏锐洞察。

在推动组织变革的过程中，谷歌还注重培养一种基于信任和尊重的企业文化。公司领导人通过定期举行全员会议和开放论坛，与员工进行直接对话，讨论公司的挑战、机遇和发展方向。这种开放的沟通方式增强了员工的归属感和参与感，使他们更加积极地参与到公司的变革和发展中。

## 二

领导力的核心要素不仅塑造着企业的文化，还决定其变革的能力和速度。

情商是领导力的第一要素。在IBM的转型过程中，情商发挥了关键作用。公司领导层通过倾听员工的担忧和期望，有效地管理了变革期间的不确定性和焦虑。通过这种方式，IBM不仅增强了员工的信任感，还促进了组织内的积极沟通和合作。

愿景制定能力则让领导者能够创造并传达一个共同的未来愿景。当苹果公司的创始人史蒂夫·乔布斯提出"让每个人的桌面上都有一台电脑"的愿景时，他不仅定义了公司的发展方向，还激励了全体员工朝着这一目标努力。

授权与赋能是另一个关键要素。网飞以对员工的高度授权而闻名，其独特的企业文化强调自由与责任，鼓励员工在其职责范围内做出大胆的决策。这种文化不仅促进了网飞从DVD邮寄租赁业务向在线流媒体服务的成功转型，也激发了一系列创新的内容制作和分发策略。

沟通技巧是有效的双向沟通机制的基石。宝洁公司通过定期的"联络会议"和开放的内部沟通渠道，确保了从高层管理到基层员工的每个人都能对公司的发展方向和决策有清晰的了解。这种透明和开放的沟通策略帮助宝洁在全球范围内保持了高效和灵活的运营。

决策能力，特别是在不确定性中做出明智选择的能力，对于领导者来说至关重要。亚马逊的创始人杰夫·贝索斯采用所谓的"两个比萨团队"原则来增强决策的效率和质量。这种方法旨在保持团队的小型化，从而加快决策过程，并鼓励创新。

### 三

员工参与是推动组织变革和实现长期成功的关键因素。通过深入了解员工参与的驱动因素，组织可以更有效地激发员工的积极性和创造力，进而促进组织的整体进步和发展。

认同感与归属感在员工参与中起着至关重要的作用。

Salesforce（译作软件营销部队或软营，是全球按需CRM解决方案的领导者）是全球领先的云计算公司，通过其独特的企业文化和价值观，成功地构建了全体员工强烈的认同感和归属感。公司定期举办全员会议，讨论公司的愿景、目标和成就，来确保每位员工都能感受到自己是公司大家庭的一分子。此外，Salesforce通过其"1—1—1模式"的社会责任项目，鼓励员工参与社区服务，这不仅增强了员工对公司的认同感，还提升了他们的个人满意度和忠诚度。

成长与发展机会对于提升员工参与同样至关重要。

思科系统公司通过提供广泛的职业发展计划和学习资源，支持了员工的个人和职业成长。公司内部的学习平台和定期的职业规划讨论，使员工能够根据个人兴趣和职业目标定制发展路径。这种对员工成长和发展的重视不仅帮助思科吸引和保留了人才，还促进了员工的积极参与和创新能力。

**商业进化力**：寻找新质逻辑

　　工作环境与文化的积极性、开放性和包容性对于促进员工参与至关重要。腾讯的企业文化强调自由和责任，鼓励员工在工作中采取主动。腾讯的文化手册概述了这种工作方式，强调诚实、透明和高效的沟通。这种文化不仅促进了一个支持创新的工作环境，也吸引了那些寻求自主和创新机会的人才。

　　反馈与认可机制是另一个关键因素，它能够显著提升员工的参与度。腾讯通过建立一个全面的反馈和认可系统，确保了员工的努力和成就能被看见和赞扬。这个系统包括从同事的即时反馈到正式的奖励计划，旨在激励员工持续贡献他们的最佳表现。这种持续的认可和奖励机制不仅提升了员工的满意度和参与度，也促进了组织的整体绩效。

四

　　领导力和员工参与不仅是组织成功变革的基石，更是确保长期成功的核心要素。领导者通过展现情感智能、制定共享愿景、授权与赋能、精通沟通技巧以及展现决策能力，为变革铺平了道路。而员工参与，通过认同感与归属感、成长与发展机会、积极的工作环境以及反馈与认可的机制，确保了变革的动力和持续性。

　　这两种力量相互作用创建了一个循环增强的系统，其中领导力激发员工的潜能，而员工的积极参与反过来又促进了更有效的领导。这一过程不仅会加速变革的实施，还能增强组织的凝聚力，提高适应外部变化的能力。

# 第六章 注重信息交互和商业洞察力

## 收集与整合：建立全面数据基础

一

在过去，企业依赖传统的市场调研和顾客反馈来指导业务决策。然而，随着大数据技术的兴起，这一模式发生了根本性的变化。

阿里巴巴利用其庞大的用户数据来优化库存管理和个性化推荐系统，通过对用户行为的深入分析，阿里巴巴能够预测消费者的购买意向，提前做好库存准备，并向用户推荐他们可能感兴趣的商品。

美团点评通过收集和分析各地门店的销售数据、顾客偏好和季节性变化信息，来调整产品线和营销策略。美团点评还利用地理信息系统技术分析潜在店面的地理位置和人流数据，以确定新店开设的最佳地点。

数据收集不仅能够帮助企业捕捉市场动态，还能够深入洞察消费者行为，从而制定更加精准的策略。各种数据源，如内部销售数据、市场研究报告以及社交媒体上的用户反馈，如今都成了企业不可或缺的信息财富。

安踏体育通过分析社交媒体数据来捕捉消费者对运动鞋的最新偏好，

**商业进化力**：寻找新质逻辑

并利用这些信息指导其产品设计和营销策略。安踏还运用了先进的数据分析工具来预测特定产品的市场需求，从而优化库存管理，减少了过剩库存带来的风险。这种对数据收集和分析的重视，使安踏能够快速响应市场变化，维持其在竞争激烈的运动服装市场中的领导地位。

苏宁易购利用顾客购买数据和在线行为数据来改善其产品线和客户体验。通过分析顾客的购买历史和在线浏览行为，苏宁能够发现流行趋势，并据此调整产品展示和库存策略。苏宁还通过数据分析来优化其商店布局，以确保顾客能够更方便地找到他们需要的产品。这些基于数据的决策不仅提升了顾客满意度，也提高了苏宁的销售效率。

二

数据整合是将不同源的数据集合在一起，以便统一处理和分析的过程。这个过程不仅确保了不同源的数据能够被统一处理和分析，还增强了数据的一致性和完整性，从而，能够为企业提供一个全面的业务视图。随着企业越来越多地依赖数据来指导其决策过程，在进化中数据整合成为一个不可或缺的步骤。

沃尔玛依赖于其高效的数据整合系统来处理每天产生的数以亿计的交易数据。通过将实时销售数据与库存管理系统整合，沃尔玛能够实现近乎实时的库存更新，确保了货架上始终有顾客需求的产品。沃尔玛还利用数据整合技术来分析顾客购物行为，优化产品推荐和促销活动，显著提高了顾客满意度和销售额。

在技术层面，数据整合通常涉及多种技术和工具，包括数据仓库、数据湖和数据管理平台等。

例如，使用 ETL（提取、转换、加载）工具从不同的数据源提取数据，然后将其转换为一种一致的格式，最后加载到数据仓库中。这一过程虽然复杂，但对于保证数据的质量和可用性至关重要。

然而，数据整合过程中也会遇到诸多挑战，如数据冗余、不一致以及处理大数据量所需的高性能计算资源。

国际银行巨头汇丰银行面临的一个主要挑战，就是如何整合来自世界各地分支机构的数据，以便能够为全球用户提供统一的客户服务。通过采用先进的数据整合框架和云计算技术，汇丰成功地整合了其全球数据资源，提高了业务效率和客户服务质量。

中国工商银行需要将来自全国各地分行的大量数据进行有效整合，以提供无缝的客户服务并支持其全球业务运营。面对这一挑战，工商银行采取了一系列措施，包括开发自主的数据整合平台，利用大数据技术和人工智能算法来提高数据处理效率和准确性。此外，通过部署在云环境中的数据仓库，中国工商银行实现了数据资源的高效管理和利用，显著提升了客户满意度和业务决策的质量。

## 三

通过精细化的数据分析，企业能够揭示出更深层的业务洞察，这些洞察为企业提供了无与伦比的竞争优势。

数据分析的核心在于能够将看似无序的数据转化为有价值的信息，从而支持更加明智的决策制定。这就像是从一堆杂乱无章的拼图碎片中拼凑出一幅完整的画面，让我们能够看到隐藏在数据背后的故事和模式。在这一过程中，预测模型和决策支持系统发挥着至关重要的作用，它们就像是导航系统，不仅基于过去的行驶路线和速度预测最快到达目的地的路径，还能根据路上的交通状况实时调整路线，帮助企业在复杂多变的市场环境中优化资源配置，制定出行之路，从而让企业走在竞争对手前面。

抖音的成功在很大程度上归功于其对数据的深度分析和利用。抖音利用大数据技术来分析用户的浏览习惯、偏好以及互动数据，从而能够精准推荐用户感兴趣的内容。此外，抖音还使用数据分析来决定哪些原创内容

**商业进化力**：寻找新质逻辑

值得投资，这种基于数据的内容创作和推荐策略极大地提升了用户满意度和公司的市场份额。

阿里巴巴通过整合来自其庞大电商平台的数据，来为顾客提供个性化的购物体验，优化供应链管理，并有效地预测市场趋势。阿里巴巴利用先进的数据分析工具来处理数亿消费者的购物数据，这不仅帮助了商家更好地理解消费者需求，还促进了其产品创新和服务改进。

通过整合和分析数据，企业能够得到关键的商业洞察，这些洞察可以帮助企业在激烈的市场竞争中保持领先地位。

数据分析的深度和广度直接关系着企业能够多快地适应市场变化，发现新的增长机会，以及提升客户体验。

尽管面临数据量庞大、分析复杂等挑战，但是通过不断优化数据处理和分析技术，企业可以有效地利用数据洞察，驱动业务增长和创新。

四

在当今大数据时代，企业已经充分认识到了数据的重要性，并因此竭尽全力收集各类数据。随着物联网技术的不断发展，让企业能够从更加广泛的环境中收集数据，这些环境包括居民的生活空间、社会环境、路况信息、森林以及卫星数据等各个领域。而收集之后的关键在于对数据的有效融合与深入分析。

最近，智能手机对用户的监听和监视成为热门话题。在 IT 行业，这并不是什么秘密。例如，当你提及一个关键词如"冰箱"时，那么在你的智能手机上，某些应用程序（如抖音）很可能显示出冰箱的广告。这实际上还算是较为温和的情形。更进一步，你的电脑摄像头可能早已变成了监视与监听的工具，尤其是那些高端的摄像头更容易被控制。如果不避开摄像头，你家中的许多隐私可能就会被录制下来，有时这些视频甚至会被上传到网络上。

随着人工智能技术的进步，数据的收集、整合和利用大数据的能力将变得更为强大，这预示着未来将会朝着更加智能化和个性化的方向发展。随着数据处理技术的不断进步，企业能够更精准地理解消费者需求，优化产品和服务，从而在激烈的市场竞争中脱颖而出。同时，数据安全和隐私保护将成为企业和技术发展的重要议题。未来的企业不仅需要强大的数据收集和分析能力，还必须确保在利用这些数据的同时，充分保护用户的隐私。

## 分析与挖掘：提升洞察预测能力

### 一

随着大数据技术的迅速发展和应用数据量的增长，企业能够通过深入分析和挖掘数据，来洞察市场趋势、消费者行为及其变化，从而制定出更加精准有效的商业策略。这一过程不仅能促进企业的进化，还能显著提升其在激烈竞争中的地位。

京东利用庞大的用户行为数据，通过高效的数据分析与挖掘技术，成功实现了个性化推荐系统。这一系统能够根据用户的购买历史、浏览记录和搜索习惯，预测用户的需求，从而推荐相关产品，极大地提高了用户满意度和购买转化率。此外，京东还通过数据挖掘技术优化库存管理和物流配送，有效降低了成本，提高了效率。

星巴克通过对全球数千万顾客的消费习惯、偏好及其在不同地点的消费行为进行深入分析和挖掘，使其能够精确地确定新店的最佳位置，同时为顾客提供更加个性化的服务。这种基于数据的决策过程显著提高了星巴克的市场扩张效率和顾客满意度。

通过收集和分析海量数据，企业可以揭示隐藏在表面之下的商业机会和风险，进而做出更加明智的决策。

二

数据分析过程中最基本和关键的步骤是数据清洗，它不仅能过滤掉错误或不完整的数据，还涉及对数据进行标准化和整合，以确保分析的准确性。

IBM通过推出先进的数据清洗工具，为企业提供了强大的支持，有效地去除了数据中的噪声和冗余信息，显著提升了数据的质量和可用性。这些工具利用复杂的算法和机器学习技术，不仅能识别并修正错误，还能智能地合并重复的数据记录，以确保数据的准确性和一致性。此外，IBM的解决方案还支持各种数据格式和源，使其能够轻松地集成进企业现有的IT架构中。通过这些高效的数据处理能力，企业能够建立一个更为干净、精确的数据基础，进而为深入的数据分析和洞察提供了坚实的前提。

在数字清洗之后的数据探索阶段，为我们提供了一个机会，让我们可以对数据集进行初步的了解，这包括对数据的分布情况、趋势变化以及异常值的识别。这一步骤对于确定未来分析的方向至关重要。

Tableau作为一款领先的数据可视化工具，通过其直观的数据探索功能，为用户提供了深入分析数据集的能力。这些功能允许用户轻松地通过拖放操作来探索数据，识别关键的业务指标和趋势，从而发现数据背后的洞察。特别是在营销领域，Tableau帮助了营销专家发现用户行为的新趋势，使他们能够根据这些洞察调整和优化广告投放策略。这不仅增强了广告活动的针对性，还显著提高了广告的回报率。通过利用Tableau的强大数据探索工具，企业能够有效地利用他们的数据资源，为决策提供有力的支持，从而在竞争激烈的市场中占据有利地位。

特征工程则是将数据转化为机器学习模型可以有效处理的格式。它涉及选择、修改甚至创建新的特征，以提高模型的性能。

抖音在其推荐系统中广泛应用特征工程，通过分析用户的观看历史、搜索习惯和评分数据，精细化地构建了用户画像，从而极大地提升了个性化推荐的准确性。

数据分析的方法有多种。描述性分析帮助我们了解过去发生了什么，通过统计数据的汇总和描述，企业可以快速了解业务状况。例如，销售数据的季节性变化分析，能帮助零售商调整库存和促销策略。预测性分析则是基于历史数据来预测未来趋势，如气候模型被用于预测作物产量，从而指导农业生产。规范性分析则更进一步，它不仅预测将来会发生什么，还建议应该如何行动以优化结果，如动态定价算法在航空和酒店行业的应用，根据需求变化实时调整价格，最大化收益。

滴滴公司通过分析城市的交通数据，预测了需求高峰期和地点，从而优化了司机的分布，减少了乘客的等待时间，提高了公司的运营效率。通过收集和分析大量的行驶数据、交通流量以及用户行为模式，滴滴能够在需求激增的时间段和地区提前调配足够的车辆，以确保乘客能够快速找到车辆，从而有效缓解了城市交通高峰期的压力。

## 三

数据挖掘技术作为信息时代的一项核心技术，它的应用跨越了多个行业，从零售到金融，再到医疗，每个领域都通过数据挖掘技术获得了革命性的洞察力和预测能力。核心技术如分类、聚类、关联规则分析等，不仅帮助企业识别出潜在的市场机会，还为企业提供定制化服务提供了可能。

在零售行业中，沃尔玛利用关联规则分析技术发现了尿布和啤酒之间意想不到的购买关联性。通过对大量交易数据的挖掘，分析师发现，年轻的父亲在购买尿布为孩子换洗的同时，往往会顺便购买啤酒。基于这一发现，沃尔玛调整了商品摆放策略，将这两种商品放置在相近的位置，从而显著提升了销售额。

在医疗行业，数据挖掘技术正转变着我们对疾病诊断和治疗的方式。约翰斯·霍普金斯大学利用机器学习算法分析患者的电子健康记录，成功预测了疾病发展的趋势和患者对不同治疗方案的反应。这一进步不仅提高了治疗的个性化和精确度，还优化了医疗资源的分配。

## 四

构建一个有效的数据分析团队是提升企业洞察力和预测能力的关键步骤。这不仅需要招募拥有数据科学、统计学和业务分析能力的专家，还需要建立一支跨职能的团队，将数据分析的洞察转化为实际的业务行动。例如，谷歌的数据分析团队就是由数据科学家、工程师和业务分析师组成的，他们紧密合作，不断优化搜索算法和广告系统，以提高用户体验和广告效益。

利用先进的分析工具和平台可以大幅提高数据分析的效率和精确度。SAS、Tableau、Python 以及中国的华为云 ModelArts、百度 AI 平台和腾讯云分析平台等工具被广泛应用于数据分析和可视化中，帮助了分析师快速洞察数据背后的故事。例如，爱奇艺使用先进的数据分析平台处理数亿用户的观看数据，通过算法为每个用户推荐个性化的内容，大大增加了用户黏性和满意度。通过深入分析用户的观看习惯、偏好和互动行为，爱奇艺能够精确推送符合用户口味的影视作品，从而提升了平台的竞争力和市场份额。

培养基于数据的决策文化是提升企业整体洞察力的关键。这要求企业领导层和员工都要能认识到数据分析的价值，并将其作为日常决策过程的一部分。

华为公司通过建立一个全面的数据分析平台，将数据分析融入每个业务单元的决策中，从市场营销到供应链管理，都基于数据做出更加精准的决策，显著提高了运营效率和市场响应速度。

### 五

在未来，数据分析和挖掘将面临海量信息的挑战。随着数据量的持续爆炸式增长，对能够高效处理、分析和利用这些数据的专业工具和服务的需求也在不断增加。因此，已经有众多公司开始研发更加强大和精细化的数据分析工具，同时也有越来越多的企业专门从事数据分析和挖掘服务，这种趋势预示着数据分析和挖掘技术将成为企业战略规划的核心部分，在提高企业业务的各个方面，数据分析都将扮演至关重要的角色。此外，随着人工智能和机器学习技术的进一步发展和应用，数据分析的能力和范围预计将进一步扩大，使企业能够以前所未有的速度和精度洞察市场和消费者行为。

因此，数据分析和挖掘在未来将成为一种趋势，对企业乃至整个社会的影响将日益深远。

# 交互与共享：促进内外知识流动

### 一

作为全球领先的通信技术解决方案提供商，华为面临着不断变化的市场需求和激烈的国际竞争。为了保持其市场领先地位，华为着力于加速产品开发流程和提高对市场变化的响应速度。它有一个关键策略，就是建立了一个全球化的知识共享平台。该知识共享平台是一个高度集成的在线系统，覆盖了华为在全球范围内的研发、营销、生产和服务团队。平台的核

**商业进化力**：寻找新质逻辑

心是一个先进的数据库，其中存储了大量的技术文档、项目报告、市场分析和最佳实践案例。通过这个平台，华为的员工可以轻松访问和检索到他们需要的信息，无论他们身处世界的哪个角落。

具体来说，当华为的研发团队在中国开始一个新的通信设备项目时，他们首先会通过这个平台搜索相关的技术文档和以往项目的经验分享。同时，他们还能够实时与欧洲、非洲或美洲的同事进行交流和讨论，以获取不同市场的见解和需求。此外，这个平台还支持实时的视频会议和虚拟团队协作，让地理位置的隔阂不再是沟通和合作的障碍。通过定期组织线上研讨会和工作坊，华为不仅进一步促进了知识的流动和技能的提升，还确保了全球团队能够同步更新行业动态和技术进展。

通过这个全球化的知识共享平台，华为成功地打造出了一个跨国界的协作网络，这不仅极大地加速了产品开发和创新的步伐，也显著提高了公司对全球市场变化的响应速度。

二

知识流动对企业进化的影响是深远的。以特斯拉为例，该公司不仅开放了电动车的专利技术，还积极与全球汽车制造商分享其充电技术。这种前所未有的开放策略，不仅提升了特斯拉在全球汽车行业的影响力，也加速了全球汽车产业向电动化的转型。

但是，知识交互与共享同样面临挑战。以腾讯为例，作为一个拥有数以亿计用户的社交平台，尤其是微信和 QQ 两大平台，使腾讯在数据管理和知识共享方面面临着巨大的压力，例如腾讯每天都会处理上百 TB 的数据，这些数据来源包括用户的社交互动、支付行为、游戏使用情况等多个维度。如何在保障用户隐私的同时，合理利用这些数据资源，成了腾讯持续探索和实践的课题。

腾讯通过构建一套严格的数据保护机制来应对这一挑战。公司对数据访问进行了严格限制，只有经过授权的员工才能访问特定的数据，并且所有的数据访问行为都会被记录和监控。同时，腾讯还开发了智能的数据分析工具，这些工具能够在不泄露用户个人信息的前提下，对用户数据进行深入分析和挖掘。通过这些分析工具，腾讯能够识别出用户的需求和偏好，从而指导产品的改进和市场策略的调整。

腾讯利用用户行为数据分析，发现用户对一站式服务平台有着强烈的需求。基于这一洞察，腾讯推出了微信小程序功能，使得用户可以在微信平台上直接访问和使用各种服务和应用。这一功能的推出不仅极大地提高了用户的便利性，也为腾讯带来了新的增长点。而这一过程的成功，离不开有效的信息交互与知识共享机制。除此之外，腾讯还在内部建立了跨部门的协作平台，通过这个平台，来自不同业务线的员工可以轻松地分享他们的洞察和经验，并共同解决面临的挑战。

三

企业在探索知识共享的过程中，不可避免地会触及知识管理的一些核心原则。

知识管理，作为一门跨学科的领域，涵盖了信息科学、管理学、心理学等多个学科的理论和实践。其基本目的是通过有效管理组织内外的知识资源，促进知识的创造、分享、利用和积累，从而提升组织的创新能力和竞争力。

心理学在知识共享领域的研究，尤其关注个体和团队在知识共享过程中的行为动机和心理障碍。

谷歌公司就非常重视打造一个开放、自由的工作环境，来鼓励员工之间的交流和合作。谷歌认识到，员工在感到安全和被尊重的环境中更愿意分享自己的想法和知识。这种文化背景促使谷歌能够在其产品和服务中不断创新，维持其在全球科技行业的领导地位。

商业进化力：寻找新质逻辑

管理学的视角则更侧重于组织结构、制度设计和激励机制对知识共享的影响。

宝洁公司通过实施"连接与发展"（Connect + Develop）策略，成功地将外部的创新资源与内部的研发能力结合起来，推动了公司新产品的开发和市场的扩张。

知识管理的基本原则之一，是知识的价值在于其被使用和共享的过程。正因如此，现代企业越来越重视构建知识共享的文化和机制。

阿里巴巴通过建立一个内部名为"阿里学院"的平台，来鼓励员工之间的知识分享和学习。这个平台不仅提供了在线课程和研讨会，还搭建了一个可以让员工自由交流、分享个人经验和专业知识的社区。通过这种方式，阿里巴巴成功地打破了部门之间的"信息孤岛"，促进了跨部门间的协作和创新。一个具体的例子是，阿里巴巴的云计算部门在平台上分享了一项新的数据处理技术，这项技术后来被电商部门采纳，显著提高了数据分析的效率和准确性。

IBM 的"创新之旅"是一项全球性的在线协作活动，其邀请了 IBM 的员工、家属、客户、合作伙伴甚至大众参与进来，共同探讨和解决商业和社会问题。通过这种开放式创新的实践，IBM 不仅收集到了大量创新的想法，还加强了与全球创新社区的联系。在一次"创新之旅"中，一家来自非洲的小企业主提出的一个关于使用移动技术改善当地教育的想法，得到了 IBM 的支持并成功实施，这不仅解决了当地的教育问题，也为 IBM 打开了全新的市场。

四

在促进知识流动的策略与技术方面，许多企业采取了创新性措施来强化内部和内部与外界的知识交流。

微软公司就是通过其内部的"Yammer"（企业社会化网络服务平台）平

台促进了员工之间的交流和知识分享。Yammer 提供了一个类似于社交网络的环境，员工可以在此平台上发布消息、分享经验、提出问题并寻求解决方案。通过这种方式，微软成功地搭建了一个跨部门、跨地域的知识共享网络，显著提高了项目协作的效率和创新能力。为了提升用户体验与参与度，微软还引入了游戏化元素，如积分系统和徽章奖励，以鼓励员工积极分享和参与讨论。

利用外部资源和网络进行知识交流也是一种重要的策略。

思科通过其"创新中心"网络与全球的合作伙伴、学术机构和创业公司共同工作，共享资源，共同研发新技术。这些创新中心不仅是技术研发的实验室，也是知识交流和合作创新的平台。通过开放式创新和众包策略，思科能够吸引外部的智慧和资源，加速解决技术难题，推动新产品和服务的开发。

在促进知识流动的过程中，企业还非常依赖大量的先进技术工具，比如云计算和人工智能。这些技术不仅提高了知识管理的效率，也使知识的搜集、存储、分析和共享变得更加容易和高效。

谷歌云平台就提供了强大的数据分析和机器学习工具，来帮助企业从海量数据中提炼有价值的信息，从而促进知识的创造和共享。

## 五

在乐观派的网络科幻小说中，对未来银河社会的设想之一，便是在那些技术高度发达的星球上，全体人类能够共享全部的知识资源。星球上建立了名为"彼岸"的全星知识共享网络，它包含所有的科技知识，包括但不限于企业的核心技术、专利等。这个数据库不仅涵盖了当代的科技进步，也包含历史上各个时期的科技成就和其迭代史。

"彼岸"网络被视为人类文明进步和正义的象征，因为它体现了知识共享的崇高理念。当一个先进星球的主人公访问地球这个"原始"星球时，

商业进化力：寻找新质逻辑

他带来了宝贵的礼物——陪伴他的机器人储存了"彼岸"知识库，使他在地球上显得格外杰出，仿佛一个现代人穿越到了古代，利用先进的知识库创造出了无数奇迹，克服了种种障碍，促进了地球上文明的飞跃和知识的普及。此外，他还助力地球建立了自己的"彼岸"网络，将这颗星球纳入了宇宙文明的大家庭中，实现了知识的无界共享和文明的跨越式发展。

当主人公离开地球回归祖星时，人们知道了他来自"高德星"，该星的英文名是GOD。

## 过程与结果：优化智能决策支持系统

一

在过去的20多年中，腾讯公司已成功将大数据、云计算、人工智能等先进技术融入其业务运营中，特别是在智能决策支持系统（DSS）的建设和应用方面，腾讯有效利用其技术优势，不断提高业务决策的智能化水平，以适应快速变化的市场环境。

腾讯的智能决策之旅始于数据的积累和分析。早在公司成立之初，腾讯便意识到数据在互联网业务中的核心价值。通过QQ、微信等平台积累的海量用户数据，如用户的社交互动记录、消费行为数据和个人偏好信息，成为腾讯智能决策系统的基石。公司开始建立数据仓库，通过数据挖掘技术对用户行为、偏好进行分析，为产品改进和市场策略提供了数据支持。

随着人工智能技术的成熟，腾讯将其应用于智能决策支持系统，特别是在自然语言处理、机器学习等领域的技术突破，为腾讯的产品和服务带来了革命性的改变。例如，腾讯的广告推荐系统通过机器学习算法来分析用户数据，实现了广告内容的个性化匹配和投放，大幅提升了广告效果和用户满意度。此外，腾讯云的智能图像识别服务能够帮助企业客户自动分类和识别海量图片，提高了处理效率和准确性。同时，微信小程序的智能推荐功能通过分析用户行为，向用户推荐可能感兴趣的小程序，增强了用户黏性。

腾讯的智能决策不局限于技术层面的革新，更体现在其业务决策的全面智能化。在游戏、社交、金融等多个业务领域，腾讯通过建立智能决策模型，能够实时响应市场变化，精准预测用户需求，从而快速做出业务调整和策略规划。例如，腾讯游戏利用智能决策系统分析玩家行为，优化游戏设计，提高了玩家的游戏体验和留存率。在社交领域，微信的文章推荐系统通过分析用户的阅读习惯和偏好，自动推送相关内容，增加了用户的阅读满意度。在金融领域，腾讯的财付通采用智能风控系统，通过分析用户的交易行为和历史记录，实时识别和预防潜在的风险事件，保障了交易的安全性。

## 二

在高速进化的商业环境中，智能决策支持系统结合了先进的数据分析技术和人工智能，能帮助管理者做出更加快速和准确的决策。随着市场竞争的加剧，许多企业意识到，它们更加需要依靠这些系统来维持竞争力和推动创新。

亚马逊利用其强大的智能决策支持系统，采用先进的机器学习算法和数据挖掘技术，对海量的用户数据进行了深入分析。这一过程涵盖了从用户的搜索历史、购买记录、浏览时间，到评价反馈和点击率的多维度信息收集与解析。通过这些数据，亚马逊构建出了复杂的消费者行为模型，以预测消费者的购买行为和偏好。亚马逊的推荐系统能够根据用户以往的购物习惯，自动推荐相似或补充商品，甚至在特定节假日或用户生活中的重要时刻，提前推送相关商品或促销信息。这种基于数据分析的个性化推荐，不仅极大地提升了用户体验,通过提供更加精准和及时的商品信息,还显著增加了公司的销售额和市场份额。通过精确的需求预测和库存管理,亚马逊能够实现商品的快速配送,避免了库存积压或缺货的情况发生。这一策略不仅确保了服务质量,还通过优化其供应链流程,降低了物流和仓储成本,提高了整体运营效率。

摩根大通银行运用机器学习算法来分析贷款申请人的信用风险,显著提高了贷款审批的准确性和效率。该银行的系统会综合考虑申请人的历史财务记录、支付行为、信用卡使用情况以及个人收入和支出模式。同时,它也会分析市场趋势和经济环境变化,如就业率和房地产市场动态,以及申请人的教育背景和职业稳定性等其他相关因素。例如,如果一个申请人过去几年内有稳定的收入增长和良好的还款记录,同时当前经济状况显示就业市场稳定,该系统就会判定此人的违约风险较低,从而可能会给予更优惠的贷款条件。通过这种深入分析,摩根大通银行不仅能够做出更加合理的贷款决策,降低违约风险,还能够提供更加个性化的金融服务给客户。

## 三

智能决策支持系统的基本框架由两个关键部分构成。首先,它们依托于一个强大的数据仓库,该仓库收集和存储了企业内外的各类数据。其次,通过先进的数据处理和分析技术,如机器学习和人工智能,这些系统能够从大数据中提取有价值的信息。

以字节跳动公司的抖音平台为例,其智能决策支持系统背后便是一个庞大的数据仓库,该仓库不仅储存了用户的基本信息,还详细记录了用户的互动历史、观看偏好、内容创作行为等数据。利用机器学习算法,抖音能够分析这些数据,理解用户的行为和偏好,并基于这些分析结果,通过推荐算法实时调整,为每个用户推荐他们可能感兴趣的内容。这种基于数据驱动的智能决策机制,不仅大幅提升了用户体验,也极大地增强了内容创作者与观众之间的互动，从而推动了平台的整体活跃度和用户黏性。

智能决策支持系统通过收集数据、处理和分析数据，最终生成可操作的洞察和建议。在这个过程中，系统会不断地学习和适应，以提高其决策支持的精确度。

IBM的沃森健康平台不仅收集了大量的医学文献、病例报告和临床试验结果，还包括患者的病史、诊断结果以及治疗反应等数据。通过利用先进的数据分析和认知计算技术，沃森能够对这些庞杂的数据进行深度分析，识别出疾病模式和治疗效果之间的相关性。

假设一位患有罕见疾病的患者来到了医院，传统的诊断方法难以确定其病因。医生通过沃森健康平台输入患者的详细病史和临床表现，平台就会迅速对比分析全球范围内的相似病例和最新的医学研究，从而对其成功识别，并会推荐最新的、针对性的治疗方案。此外，沃森还能预测不同治疗方案的可能效果和副作用，帮助医生做出更为精确的治疗决策。

系统分类与应用场景的多样性，展示了智能决策支持系统的广泛适用性。从金融服务的风险评估，到零售行业的库存管理，再到患者诊疗，智能决策支持系统在不同行业中的应用案例数不胜数。

## 四

与当前广泛应用的各种人工智能技术一样，智能决策系统可视为向通用人工智能迈进的一步。这些系统，如同人类依赖知识和信息进行思考一样，依靠数据作为其记忆和思考的基础。智能决策，就是基于数据进行的推理过程。目前在众多企业中，这一过程仍主要通过人工编程来实现，这等同于指导机器如何进行思考。然而，人工智能的思考是自发的，它能独立地进行思考和决策。随着时间的推移，企业的智能决策系统将越来越倾向于发展成智慧超人。依托大数据的强大支持，其决策能力将会超越人类，从而为相关企业在激烈的市场竞争中赢得更为显著的维度优势。

## 管理与治理：打造数据安全多维保障

一

2017年，全球知名信用评分机构艾克飞（Equifax，美国三大征信局之一）遭受了一次重大的数据泄露事件，这次事件影响了超过1.47亿美国消费者的个人信息，包括社会安全号码、出生日期、地址以及在某些情况下的驾驶执照号码。

这次泄露不仅暴露了消费者的敏感信息，使得数以百万计的人面临身份盗窃和金融诈骗的风险，也对Equifax造成了深远的影响。事实上，Equifax的股价在事件被公之于众后迅速下跌了将近三分之一，公司的市值蒸发了数十亿美元。此外，Equifax面临了从联邦和州级政府机构发起的数十起诉讼，以及消费者的集体诉讼，这些法律纠纷导致公司支付了超过7亿美元的和解费用。同时，为了重建消费者信任，并加强其数据安全防护措施，Equifax不得不投入了数亿美元用于升级其信息技术系统和安全基础设施，包括采用更为先进的加密技术、提高网络安全防御能力和增强数据监控和及时响应机制。

近年来，在我国数据泄露和信息安全事件频繁发生。

2018年，滴滴遭遇数据安全风波，在没有获得用户明确同意的情况下，滴滴向第三方透露了乘客的行程数据和个人敏感信息，包括乘客姓名、联系方式及行程详情等，此举不仅侵犯了用户隐私，也违反了相关数据保护法律规定，引起了公众的广泛关注和政府的严格审查。

同年，中国铁路 12306 网站也发生了严重的用户数据泄露事件。泄露的信息涵盖了用户的姓名、身份证号码、手机号码、登录密码等关键的个人信息。据悉，这些敏感信息在被未经授权的第三方在互联网上公开出售，引起了用户的极大不安和媒体的广泛报道。

2020 年，新浪微博的安全防护再次被突破。据报道，数亿用户的个人信息在暗网上被非法交易。这些被泄露的信息包括用户的微博 ID、手机号码、性别、地理位置等核心数据。此事件再次揭露了大型社交平台在数据保护方面的漏洞，也加剧了公众对于个人隐私安全的担忧。

## 二

在数字化时代，数据是企业最宝贵的资产之一，但同时也是风险最大的来源。不仅因为数据泄露事件会直接影响企业的财务状况和品牌形象，还因为它会破坏消费者对企业的信任——这是任何企业都难以承受的损失。

在当前的企业环境中，数据安全面临的挑战是多方面的，且日益增加。随着技术的进步和网络环境的复杂性增加，攻击者采用的手段也变得更加高级和隐蔽。企业不仅要保护自己免受外部威胁的侵害，还必须警惕内部风险。

这一点在 2018 年脸书的数据泄露事件中得到了充分的体现，其中一个心理学研究应用，收集了数百万用户的个人数据，并未经用户同意就将这些数据分享给了第三方。这次事件不仅引发了全球范围内对数据隐私和安全的广泛讨论，也促使各国政府加强了对数据保护法律的制定和执行。

数据泄露的典型原因可以归纳为以下几个主要方面。

首先，技术漏洞是导致数据泄露的一个重要因素，包括软件中的安全漏洞、系统未及时更新补丁等。

例如，WannaCry 勒索软件攻击就利用了 Windows 操作系统中的一个漏洞，影响了全球数十万台计算机。

**商业进化力**：寻找新质逻辑

人为因素也是数据泄露的一个重要原因，包括员工的误操作或内部人员的恶意行为。一项研究显示，内部人员造成的安全事件占所有数据泄露事件的近三分之一。

随着企业越来越多地采用云服务和第三方供应商，供应链中的安全问题也成为数据泄露的一个重要来源。

2020年，通过对一家第三方服务供应商的攻击，黑客成功窃取了数家知名企业的客户数据。这次事件凸显了供应链安全在整体数据保护策略中的重要性。

### 三

为面对广泛的数据安全挑战，企业必须采取全面的措施来保护其数据资产。这不仅包括投资于先进的技术解决方案，更重要的是建立一套全面的数据安全和治理框架，确保从组织结构到每个员工都能够认识到数据安全的重要性，并在日常工作中实践相应的安全策略。

在构建多维数据安全保障策略的过程中，不仅需要应用最新的技术以防范外部威胁，同时也要针对内部风险制定有效的管理策略。

加密技术的应用是保障数据安全的基石之一。

阿里巴巴在其云计算服务中采用了先进的加密技术来保护客户数据的安全。阿里云提供了全面的数据加密服务，包括数据传输过程的SSL/TLS加密，以及数据存储时的磁盘和数据库加密。通过这些措施，即使数据在传输过程中或是存储在云端时遭到非法获取，没有相应的密钥也无法解读数据内容，这样做有效地避免了信息泄露和数据被恶意利用的风险。

IBM公司也广泛应用了加密技术来保护其客户的数据。无论这些数据是存储在云中，还是在传输过程中，IBM利用强大的加密算法确保数据即便在被非法访问的情况下也无法被解读，有效地防止了数据泄露和盗用。IBM的量子安全技术进一步地增强了数据保护能力，即便面对未来计算能力的飞速发展，也能确保客户数据的长期安全。

访问控制与身份验证机制是防止未授权访问的重要手段。

腾讯公司在多个服务平台，包括微信和QQ，实施了多重身份验证措施，有效增强了账户的安全性。用户在输入密码进行登录之后，还需通过手机接收的一次性验证码或进行人脸识别等二次验证，才能成功登录账号。这种多重验证机制大大增加了账号安全层级，也有效降低了账号被盗或非法访问的风险。

谷歌公司通过实施两步验证过程，大大增强了账号安全。用户在输入密码登录后，还需要通过手机接收的验证码才能完成登录，这一措施大大降低了账号被盗的风险。谷歌的两步验证不仅适用于谷歌账户，还扩展到了其提供的各种服务中，如Gmail、Google Drive等，为用户提供了全方位的安全保护。

数据备份与恢复策略，对于应对数据丢失或损坏的情况至关重要。

微软Azure提供了一系列的数据备份和灾难恢复解决方案，为帮助企业在面对数据中心故障时迅速恢复业务。通过在多个地理位置复制数据，即使是在极端情况下也能保证数据的完整性和可用性。

智能决策支持系统在数据安全治理中起到了革命性的作用。利用大数据与AI技术来预防安全威胁，如阿里巴巴集团就通过其自研的AI安全平台，实现了对网络攻击的实时检测和自动化防御。该平台能够通过分析海量数据，识别出潜在的安全威胁，并在攻击发生前采取措施进行阻断。

实时监控与异常检测系统也是保护数据安全不可或缺的一环。使用机器学习技术，系统能够学习正常的网络行为模式，一旦检测到异常行为，如不寻常的数据访问模式，系统会立即发出警报，并采取相应的安全措施。这种技术在金融行业尤为重要。例如，美国银行利用先进的欺诈检测系统来保护客户的账户安全，有效地预防了大量的金融诈骗事件。

## 四

在构建多维数据安全保障策略中，除了技术层面的保护措施外，法律和合规性层面的策略以及组织文化与员工培训上同样发挥着至关重要的作用。

在法律和合规性层面，遵守数据保护法律与标准是每个企业的基本责任。

在中国，随着数字经济的发展，个人信息泄露事件频发，政府加大了对数据保护的立法和监管力度。2021年，我国正式实施《中华人民共和国个人信息保护法》，这标志着我国在个人信息保护领域方面迈出了重要的一步。该法律与欧洲通用数据保护条例（GDPR）有许多相似之处，要求企业在收集、使用个人信息时必须明确告知并获得个人同意，也要求企业采取有效措施保护个人信息安全，限制跨境数据传输，并对违法行为设定了严格的惩罚措施。

欧洲通用数据保护条例自2018年起实施，为处理涉及欧盟公民个人数据的企业设定了严格的规范措施。这一法规要求企业在处理个人数据时必须遵循数据最小化、限定目的、数据质量、透明性、安全性和责任等原则，严格限制个人数据的收集、使用和传输，保障个人隐私权。

阿里巴巴集团在GDPR实施后，迅速响应并更新了其服务条款，增强了对用户个人信息的保护措施。阿里巴巴对用户界面进行了优化，使得用户能够更加容易地管理自己的隐私设置，同时在数据收集和使用方面提高了透明度，确保用户能够清晰地了解其数据如何被使用。阿里巴巴还建立了专门的数据保护团队，确保其所有服务和产品都符合GDPR（《通用数据保护条例》）以及其他地区数据保护法规的要求。

谷歌在GDPR实施初期就更新了服务条款，增加了数据透明度，并简化了隐私设置，以确保其服务符合新的法规要求。此外，谷歌还为广告客户提供了一系列的工具，帮助他们遵守 GDPR。

实施数据隐私政策也是保障数据安全不可或缺的一部分。

苹果公司以其对用户隐私的强烈保护而闻名，在其设备和服务中实施了严格的数据隐私政策，强调用户对其个人信息拥有绝对的控制权。苹果的透明度报告会定期发布，向公众展示其在处理政府和私人数据请求方面的做法，这种做法增强了用户对公司保护其隐私的信任。

合规性审计与评估，是确保企业持续遵守相关法律法规的有效手段。

阿里云推出了一系列合规性和安全性审核工具，以帮助企业客户加强数据安全管理和合规性监管。阿里云的合规性中心提供了全面的合规性评估服务，帮助企业评估和管理其在云环境下的合规风险，并确保其业务操作是符合中国及全球的数据保护法规要求的。

亚马逊 AWS（亚马逊云计算服务）提供了广泛的合规性和安全性审核工具，如 AWS Audit Manager，帮助企业自动收集证据以证明它们符合云安全最佳实践和规定的合规标准。通过这些工具，企业能够简化合规性审核过程、提高审计效率，并确保在全球范围内持续遵守包括 GDPR、HIPAA（HPAA 法案，有的称为健康保险携带和责任法案，也有取其意为医疗电子交换法案）等在内的多项法律法规和行业标准。

在组织文化与员工培训方面，建立安全意识文化是防范数据安全风险的关键所在。

思科系统公司通过其全面的安全意识计划，教育员工识别和防范钓鱼攻击及其他网络安全威胁。思科的安全培训课程涵盖了从基本的数据保护原则到高级网络安全策略的各个方面，确保员工能够在日常工作中实施这些重要的安全措施。

定期进行数据安全培训是提高组织整体安全意识的有效途径。

**商业进化力**：寻找新质逻辑

德勤通过其"Cyber Everywhere"（网络无处不在）计划，将数据安全作为企业文化的一部分，为所有员工提供定期的安全培训和更新，确保他们了解最新的安全威胁和防御措施。

强化内部数据使用规范是确保数据安全管理有效性的重要组成部分。

宝洁公司实施了一套全面的内部数据管理政策，规定了员工在处理公司内部和客户的数据时必须遵循的规范和程序。通过定期的审计和评估，宝洁确保了这些规范得到有效执行，从而保护了数据的安全和完整性。

五

随着人脸识别、体态识别、车辆追踪、手机信号追踪等物联网技术的飞速进步，加之人工智能在文本、图像、视频等社交媒体内容识别能力的显著提升，我们正见证一个前所未有的数据爆炸时代。个人信息正被智能手机、电脑、可穿戴设备、家电、医疗器械及公共设施等广泛而深入地收集，这些信息不仅为人工智能提供基础数据，也支撑企业成长和政府管理等多个领域。随着"数字孪生"城市和社会的逐渐成形，现代人将不得不适应在数字系统中隐私减少的现实，同时也享受到更多数字化带来的便利，如深度了解个人健康、性格和能力的人工智能服务等。数据安全和治理正在变成一个跨技术、法规、组织文化及商业战略的复杂性议题。

随着人工智能在人类社会的深入渗透，数据安全管理和治理的趋势越来越倾向于采用高级技术，比如人工智能和机器学习，以构建更高效、更智能的安全防御机制。与此同时，在面对全球数据保护法规的持续进化，企业需要保持灵活，及时地调整其合规策略以满足新的法律要求，确保在快速变化的环境中保护好用户的个人信息。

# 第七章 提高供应链快速响应能力

## 可见性提升：实时监控与信息共享

一

作为全球最大的在线零售商，亚马逊公司的供应链管理，因其高度的效率和革新性而成为业界标杆。亚马逊精心设计并部署了一套先进的物联网技术框架，结合其强大的云计算服务，构建了一个全方位、实时监控的庞大物流网络。如果说我国城市道路上的摄像头就像森林中每棵树上的小鸟的话，那么亚马逊的系统就是传感器的森林，成千上万的传感器和相机，在全球范围内的仓库中跟踪着商品的每一次移动。这些数据实时上传到云端，通过复杂的算法进行分析，以优化库存控制和订单处理流程。

亚马逊的"智能仓库"技术利用了机器学习和人工智能算法，不仅能够根据历史数据和市场趋势预测即将到来的客户需求，还能自动调整库存分配，确保热销商品始终充足。在订单处理方面，这些智能系统可以实时地分析订单数据，自动选择最优的包装和运输方案，从而缩短配送时间，减少物流成本。同时，当供应链遭遇意外中断时，如遇到自然灾害或交通堵塞时，系统能够迅速调整物流规划，通过动态重组运输路线和仓库分配，确保客户订单能够尽快、准确地完成。

在2018年的假日销售季，亚马逊通过这套系统成功地应对了订单量激增的挑战。系统通过实时数据分析，预见了某些热门商品的需求激增，因此它及时地调整了全球各地仓库的库存，优化了配送路线，这不仅保证了顾客在最繁忙的购物季节也能及时收到商品，还显著提升了客户满意度和公司的市场竞争力。

## 二

快速变化的供应链环境中蕴藏着人脑和人力无法处理且随时递增的海量数据，以大数据和数据决策为基础的实时监控，已经成为提高供应链可见性和响应能力的关键。企业正越来越依赖先进技术，如物联网和云计算，来实现这一目标。通过这些技术，企业能够实时追踪产品流动，优化库存管理，减少延误。

物联网技术的应用已经成为现代供应链管理的革命性进步，尤其是在产品、包装和运输工具上安装传感器，来实现对供应链各环节的实时监控。

这些传感器提供的实时数据，包括位置、温度、湿度、震动强度、光照强度、压力、加速度、货物重量和声音强度等，对于确保产品质量和及时交付至关重要。这些传感器不仅能够监控货物的物理状态，还能够提供关于货物运输环境的综合信息，比如震动强度可以用来评估运输途中货物可能受到的冲击，光照强度可以监测货物是否在适宜的光线条件下储存或运输，而声音强度的监测则有助于检测仓库或运输过程中可能出现的异常噪声，从而预防盗窃或货物破损。这些数据的多样性和丰富性让供应链管理者能够更准确地追踪货物状态，从而做出更为及时和精确的决策，以优化供应链流程，提高效率和客户满意度。

联邦快递（FedEx）在其运输车辆上广泛应用温度传感器，来确保温敏药品和食品在运输过程中始终保持在适宜的温度范围内，从而大大减少了产品损耗。

　　云计算技术的引入，为处理和分析供应链中产生的海量数据提供了强大的支持平台。企业利用这些云平台，对收集的数据进行即时的分析，从而能够灵活调整其供应链策略，迅速适应市场的变动。云计算还极大地促进了供应链各环节参与者之间的信息共享和协作。

　　阿里巴巴集团利用其先进的云计算技术，构建了一个覆盖全球的供应链信息共享平台。通过这个平台，阿里巴巴与其数以万计的供应商和合作伙伴共享关键的生产计划、库存数据以及市场需求信息。这种实时的信息共享机制，加强了阿里巴巴与供应商之间的紧密合作，显著提升了整个供应链对市场变化的响应速度和适应能力。借助云计算平台的强大分析和处理能力，阿里巴巴能够实时优化库存水平，有效避免过剩或缺货的情况，同时极大地提高了顾客满意度和整体运营效率。

## 三

　　供应链作为涵盖企业内外众多参与方的复杂系统，信息共享不仅能促进企业内部各团队之间的紧密协作，而且还加强了与供应链上下游合作伙伴之间的合作关系。通过有效的信息流通，企业能够实现资源的最优配置，提高整体运营效率，同时增强对市场变化的响应能力。

　　华为与其供应商和分销商建立了一个基于云计算平台的信息共享系统，通过这一平台，不仅华为内部部门间的信息流动得以加速，也确保了与合作伙伴之间的信息沟通高效且透明。例如，华为通过系统共享详细的销售数据和库存水平，使得所有参与方能够实时掌握市场需求变化。这样的信息共享机制允许华为和其合作伙伴能够根据实际销售情况，灵活地调整生产计划和配送安排，从而有效避免了过剩库存的积累，极大减少了因响应市场变化不及时而导致的缺货现象。通过分析共享的市场数据，华为还能够及时调整其市场策略，精准满足消费者需求。

宝洁公司与其供应商和分销商建立了一个高效且透明的供应链信息共享机制，利用先进的信息技术系统，实现了销售数据和库存水平的实时共享。比如，在一个典型的促销活动期间，宝洁通过实时共享的销售数据观察到某款洗发水的需求量正在大幅上升。这些数据立即被传递给相关的供应商，使得供应商能够迅速地调整生产计划，增加了该产品的生产量。同时，宝洁也根据这些数据调整其分销策略，优化配送路线，确保零售商的货架上始终有足够的库存以满足消费者的需求。宝洁还通过分析共享的库存数据，与供应商共同制定了更为精细化的库存管理策略，从而有效减少了过剩库存的风险，同时确保关键商品的供应链流通性。

通用电气通过数字化平台，提升了其工业设备和服务的维护效率。通用电气通过与客户共享的数据包括但不限于设备的运行时间、能耗数据、温度读数以及设备的工作效率等关键性能参数。通过这些细化的设备性能数据，通用电气不仅能够实时监测设备的运行状态，还能基于数据分析预测未来的维护需求，提前规划维修服务，从而显著减少设备的意外停机时间。这种前瞻性的维护策略不仅提高了客户设备的运行效率，延长了设备的使用寿命，还极大地提升了客户对通用电气的满意度和信任度。

四

随着科技的迅速发展，新兴技术如人工智能、大数据分析和区块链正在逐步改变供应链管理的面貌，为实时监控与信息共享提供了更广阔的应用前景。

人工智能与大数据分析在供应链管理中的应用已经开始展现其巨大潜力。IBM与美国零售巨头沃尔玛合作，应用大数据和AI技术，以提高食品安全标准和追溯能力。通过利用IBM的区块链平台，沃尔玛能够在几秒钟内追踪食品来源和分销链路，而这一过程在传统方法下，可能需要数天，甚至数周。

区块链技术因其提供的透明度、不可篡改性和去中心化特点，正在成为供应链信息共享的重要技术。

马士基与 IBM 的合作共同开发了 TradeLens 平台，利用区块链技术来改进全球贸易的供应链管理。通过这个平台，所有授权的参与方，包括货运公司、港口操作员、海关官员和货主，都可以实时访问运输数据，从而大幅度提升整个供应链的透明度和效率。

未来，随着这些技术的进一步成熟和应用，供应链将进化得更加智能化和自动化，更加透明、高效和富有韧性。

# 设计与规划：应对市场与需求波动

一

历次工业革命都触发了一个加速进化的过程，而当前的进化速度已经是历史之最，市场变化和需求波动给供应链带来的挑战更是多方面的。从宏观经济因素到消费者偏好的快速变化，再到全球贸易政策的不确定性，所有这些因素都可能在短时间内极大地影响企业的供应链。

2018 年中美贸易战的爆发，给全球经济带来了显著的波动，尤其是那些高度依赖跨国供应链的企业。它们发现自己面临着前所未有的成本压力和供应不确定性，比如关税的上升使得从中国进口的零件和原材料成本激增，政治因素和贸易限制也增加了供应链中断的风险。

在这次巨大的冲击中，苹果公司和三星电子这样的企业，通过迅速调整其供应链设计，寻找替代的供应商或调整全球生产布局，展示了出色的

**商业进化力**：寻找新质逻辑

适应能力。苹果公司不仅评估了从中国以外的地区采购零件的可能性，还加强了与其他国家供应商的合作，以降低对单一市场的依赖。三星电子也通过多元化其生产基地，将部分生产线从中国转移到越南和印度，以减少贸易战可能带来的影响。这些措施帮助它们保持了产品供应的稳定性和成本效率，从而在不稳定的国际贸易环境中保持了竞争力。

需求波动对供应链的挑战也不容小觑。随着消费者行为越来越多地受到数字化趋势的影响，迫使企业必须能够实时监测市场需求，并迅速调整生产和库存策略。

华为通过集成的信息系统和先进的数据分析技术，能够实时监控全球市场的需求变化。面对智能手机市场的快速变动，华为能够在短时间内调整特定型号手机的生产量，以确保供应与市场需求紧密匹配，从而避免过度库存和缺货情况的发生。华为还与其供应链伙伴紧密合作，通过共享实时数据和分析市场，来共同优化整个供应链的响应速度和灵活性。

飒拉（Zara）这家时尚品牌能够迅速将最新时尚趋势从设计师的草图转化为实际产品，并在仅仅 3 周内将这些产品配送到全球各地的店铺。这一过程从设计开始，设计团队根据最新的市场趋势和即时反馈调整设计方案，然后通过公司内部的生产线快速生产出样品。接下来，Zara 利用其位于西班牙的总物流中心，将这些新品快速分配到全球约 2200 家店铺中。

Zara 的供应链还特别注重库存管理和生产调度的灵活性，使其能够根据实时销售数据调整生产量，避免过剩库存，同时确保热门商品能够迅速补货。如果某款新品在初始上市后反响热烈，Zara 能够迅速增加该产品的生产量，并在短时间内完成再次配送。

二

在当代的商业环境中，市场变化与需求波动已成为供应链管理不可忽视的挑战。

市场变化可以体现为消费者偏好的快速转变、新兴市场的崛起、全球贸易政策的变动以及竞争环境的加剧。

数字化和互联网技术的进步极大地改变了消费者的购买行为，使得消费者对产品和服务的需求更加个性化和即时化。

需求波动的特点主要体现在其不可预测性和季节性变化上。特别是对于那些受季节因素影响较大的行业，如时尚和零售业，需求的不稳定性尤为明显。在这种情况下，企业需要有能力快速适应市场的变化，调整生产计划和库存策略，以避免库存积压或缺货的情况发生。

H&M这家瑞典快时尚品牌通过高度集成的供应链管理和先进的数据分析技术，能够实时监控全球销售数据，快速响应市场需求的变化。H&M利用其强大的数据分析能力，预测哪些款式将会受到消费者欢迎，然后相应地调整生产计划和库存水平，从而大大减少过剩库存风险，确保产品的快速更新和供应链的高效运转。

联合利华这家全球性的消费品公司通过构建一个敏捷且透明的供应链网络，成功地应对了需求波动的挑战。联合利华通过与供应商紧密合作，实现了原材料供应的灵活性，并采用先进的预测工具和算法，准确预测各地市场的需求变化。

## 三

产品设计的灵活性是供应链灵活性的一个关键组成部分。

小米科技采用了一种独特的"互联网＋硬件"模式，通过其在线平台允许用户参与到产品设计和改进过程中。这种模式不仅极大地提高了用户的参与度和满意度，也使得小米能够根据用户反馈和市场需求来迅速调整其产品线和产品规格。

小米的这种策略体现在其多样化的产品矩阵中，从智能手机到智能家居设备，小米不断地推出符合用户需求和市场趋势的新产品。小米手机的

**商业进化力**：寻找新质逻辑

硬件配置和软件功能在发布前后都可以根据消费者的反馈进行调整，这样的灵活性不仅增强了产品的竞争力，还优化了供应链管理。通过紧密跟踪用户需求和市场动态，小米能够更加精准地预测特定组件的需求量，从而有效控制库存水平，减少库存积压。

戴尔电脑通过其网站提供定制化的购买体验，顾客可以根据自己的需求选择不同的处理器、内存大小、硬盘空间以及其他硬件和软件选项来定制自己的电脑。这种模式不仅提高了顾客满意度，因为他们可以根据自己的具体需求和预算获得几乎量身定做的电脑，也使得戴尔能够根据收到的定制订单准确预测到具体的组件需求，从而在其供应链中实现更为精细的库存管理。

在生产线的多样性与模块化方面，丰田汽车公司无疑是行业内的佼佼者。丰田采用的精益生产系统，结合可变生产线设计，使其能够根据市场需求的即时变化灵活调整生产计划和车型产量。丰田能够在同一条生产线上同时生产多款车型，这得益于其高度模块化的组件设计和通用化的生产设备。丰田可以根据市场需求的增减，迅速增加某一热门车型的生产量，同时减少其他车型的产量，而无须对生产线进行大规模改造。这种模块化的生产方法不仅显著提高了生产效率，减少了生产成本，也使丰田能够更加灵活地应对市场的波动，在业界被广泛认为是供应链设计中灵活性和适应性强化的典范。

## 四

采用科学的预测方法和工具可以帮助企业准确预测市场需求，从而更加合理地安排生产和库存。

亚马逊通过其开发的复杂算法和大数据分析工具，能够精确预测不同地区、不同时间段的顾客需求。这种高度精确的需求预测能力，使亚马逊能够实现几乎实时的库存管理，极大地提高了其供应链的效率和客户满意度。

需求感知与市场趋势分析，也是高效供应链规划的重要组成部分。

宝洁公司通过持续监测市场趋势和消费者行为，能够在新产品开发和市场营销策略上做出快速响应。宝洁利用先进的数据分析工具，来对大量消费者数据进行分析，以预测未来的市场趋势。这种对市场趋势的敏感度使宝洁能够有效地调整其供应链策略，以确保产品及时达到消费者手中。

在动态库存管理方面，实施安全库存与动态调整策略对于应对需求波动至关重要。

耐克采用先进的库存管理系统，能够根据销售数据实时调整库存水平，通过保持适当的安全库存，耐克能够减少缺货和过剩库存的风险，从而提高供应链的整体效率。

准时制（JIT）库存管理是另一种有效的策略，特别是在汽车行业中应用广泛。

丰田公司通过JIT系统减少了库存成本和浪费，提高了生产效率。通过与供应商紧密合作，确保零件和材料只在需要时才送达生产线，丰田能够大幅度减少库存水平，保持高水平的生产灵活性和市场响应速度。

供应链合作伙伴的选择与管理，也是确保供应链高效运作的关键因素。

苹果公司通过与全球供应商建立强大的合作关系，确保了其产品组件的高质量和及时供应。苹果对供应商的严格选择标准和合作模式的管理，保证了其供应链的稳定性和高效性，使公司能够在极具挑战性的市场环境中保持竞争优势。

五

随着技术的不断进步和全球化市场的发展，供应链管理的复杂性将会进一步增加。未来的供应链管理将更侧重于数据驱动的决策制定、人工智能和机器学习的应用以及跨界合作的深化，企业将能够构建更加强大、灵活和可持续的供应链,来为在不确定中实现稳定和增长提供支持。

## 协同与合作:建立共享与伙伴网络

一

联合利华成立于1930年,是一家英荷两国跨国消费品公司,主要经营食品、饮料、清洁剂和个人护理产品,拥有众多知名品牌,如多芬、力士、清扬、奥利奥等,业务遍及190多个国家和地区。

在新冠肺炎疫情期间,联合利华通过其与供应链上众多合作伙伴建立的紧密信息共享和协作机制,实现了对市场需求变化的快速响应。

当疫情导致某个关键原料供应商所在区域封锁时,联合利华通过其强大的合作伙伴网络迅速识别出潜在的替代供应商,并在48小时内完成了新供应商的资质审查和首批原料的紧急采购。

面对国际物流的挑战,联合利华与物流合作伙伴共同探讨解决方案,如通过调整运输路线、采用多模式运输等方式,确保原材料和成品能够绕过受疫情影响的区域,从而减少运输延误。

联合利华还利用数字化工具,如在线协作平台,与分销商和零售商实时共享销售和库存数据,这不仅帮助合作伙伴准确预测市场需求,还允许双方共同制定灵活的补货策略,以适应消费者在新冠疫情期间的购买偏好变化。通过这些具体而有效的协作行动,联合利华确保了其供应链的稳健运作,最大限度地减少了供应链中断的风险,确保了产品能够及时送达消费者手中。

作为全球最大的家具零售商,通过共享市场趋势数据、库存水平和生产计划，宜家与其供应商共同制定了一个更为精细和灵活的生产调度系统。

当市场数据显示某款办公椅需求激增时，宜家会立即与相关供应商沟通，共同调整生产线以增加该产品的产量，并优先分配物流资源，确保库存能够满足零售需求。同时，宜家通过与原材料供应商的紧密合作，能够在原材料价格波动时及时调整采购策略，利用批量采购优惠或寻找替代材料来控制成本。这种基于数据共享和协作的生产计划方法不仅让宜家能够迅速响应市场需求变化，还实现了资源的高效利用和成本的有效控制，从而加强了整个供应链的韧性和竞争力。

二

在现代供应链管理中，合作伙伴网络不仅仅是一系列供应商和分销商的简单集合，更是一个由相互依赖、紧密合作的企业组成的网络，以共同实现供应链的高效和响应能力。这个网络基于共享的信息、资源、技术和目标，使得整个供应链能够灵活应对市场变化，从而提高竞争力。

丰田汽车公司与其供应商建立了长期的合作关系，不仅仅在订单层面进行交流，更在知识和技术层面进行了深度合作。丰田通过帮助其供应商提高生产效率和质量控制，建立了一个高度协同的供应链网络。这种合作不仅增强了供应链各环节的稳定性和可靠性，还使得整个网络能够迅速响应市场需求的变化。

在供应链管理中，合作伙伴网络扮演着多个角色。它作为一个信息共享的平台，使得所有合作伙伴都能够及时了解市场需求的变化、供应情况和潜在的风险，从而共同作出快速反应。合作伙伴网络通过集体智慧和资源整合，提高了创新能力和解决复杂问题的能力。例如，当某一供应商面临原料短缺时，网络中的其他伙伴可以迅速提供帮助或替代方案，从而保证了生产的连续性和供应链的整体稳定性。

合作伙伴网络还能够促进成本效益的提升。通过合作，企业可以共享某些中心服务如物流、仓储，以减少重复投资，实现规模经济。

## 三

在构建有效的供应链合作伙伴网络中，信任与透明度、共同目标与价值观，以及技术集成与数据交换是三个关键要素。

信任与透明度是供应链合作的基石。

波音公司在其供应链管理中非常重视与合作伙伴间信任的建立。通过建立开放的沟通渠道，波音与其供应商共享关键信息，如生产进度、潜在风险和改进措施。这种透明度不仅增强了合作伙伴之间的信任，还提高了整个供应链对突发事件的响应速度。在2011年日本大地震发生时，波音能够迅速评估对供应链的影响，并与合作伙伴一起制定应对措施，最小化了灾害对生产的影响。

共同目标与价值观，则是推动所有合作伙伴朝着同一方向努力的动力。

耐克通过与供应商分享可持续发展的目标，一起努力减少对环境的影响，实现了供应链的绿色转型。耐克与供应商共同研发低碳材料，并改进生产流程，这不仅提升了环保标准，也增强了品牌形象和消费者的信任。

技术集成与数据交换则是提高供应链协同效率的关键。

亚马逊的供应链就是技术驱动协同合作的典范。通过高度集成的物流系统和先进的数据分析技术，亚马逊能够实时监控库存水平、预测消费者需求，并据此调整供应链策略。亚马逊还通过开发的供应链软件，与供应商和第三方卖家共享数据，实现了库存优化和配送效率的大幅提升。

## 四

构建一个强大的合作伙伴网络不仅需要策略性的规划和执行，还需要对合作伙伴的深入了解和有效的管理。

识别并选择合适的合作伙伴是建立网络的第一步。这一过程涉及对潜在合作伙伴的综合评估，包括其市场地位、供应链能力、技术水平以及文化的兼容性。

苹果公司在选择其供应链合作伙伴时，不仅评估供应商的生产能力和质量控制水平，还会考虑其创新能力和技术支持，以确保供应链的先进性和竞争力。

合作关系是建立在双方互利共赢的基础上的。这通常涉及合同谈判、目标设定和合作模式的确定。在这个阶段，沟通和透明度都非常关键。

宝洁公司通过与供应商共同开发产品，不仅共享了市场洞察和技术知识，还确立了长期合作的关系，共同分享市场成功带来的利益。

为了确保合作伙伴网络的高效运作，实施协同合作策略是必不可少的。这包括信息共享、资源共享以及风险共担。

丰田汽车公司通过实施精益生产系统，与其供应商建立了紧密的协同合作关系。通过持续的改进和标准化生产流程，丰田和其供应商能够共同提高生产效率，减少浪费，从而提高响应市场变化的能力。

在整个过程中，持续评估和优化合作伙伴关系不仅包括定期的绩效评估，还包括对合作模式和策略的持续改进。

五

在科幻小说描述的未来中，超级人工智能已经使人类进入星际供应链时代。

在那个时代的某个时段，地球与遥远星系之间的联盟通过高度发达的供应链网络维系着脆弱的和平。在这个宇宙尺度的供应链中，每个星球都负责生产自己最擅长的资源，然后通过星际物流网络进行交换，以确保每个星球的居民都能获得所需的物资和技术支持。

然而一场突如其来的宇宙灾难打断了这个精密运作的供应链，星球间的交流陷入瘫痪，各星球的生存陷入危机。正当一切看似无望之际，各星球摒弃前嫌，通过协同合作，共同建立了一条新的、更加强大的供应链网络。

在那次著名的供应链协同合作会议上，曾经的敌对星球的代表坐在一起，共同讨论如何优化新的供应链网络，在他们面前一幅宏伟的星际物流网络图上，数不尽的物流线连接着不同的星球……

## 物流与配送模式：提高效率与响应速度

一

顺丰速运自 1993 年成立以来，其配送方式随着技术的进步在 30 多年间经历了翻天覆地的变化，已经成为中国领先的物流企业。顺丰取得如此成就，主要得益于其不断创新的物流配送模式和服务。顺丰引入了尖端的物流管理系统，通过部署物联网设备来收集实时数据，结合大数据分析来预测未来需求波动，云计算平台则实现了对这些海量数据的高速处理。利用这些技术，顺丰能够实时监控天气变化、交通状况，甚至是每一条街道的拥堵程度，利用机器学习算法动态优化配送路线，比如在雨季自动规避易积水区域，或在早晚高峰期绕开交通拥堵区域。这种精细化的管理延伸到了仓储过程中，每一件商品从入库到出库，都有专门的系统进行监控和调度，确保了仓储效率的最大化。

顺丰的配送网络从偏远的乡村到繁华的都市，不仅覆盖了广阔的地理范围，而且提供了高度定制化的物流解决方案。对于需要特别温控的生鲜商品，顺丰运用了智能温控箱和实时温度监控系统，确保从收货到送达全程温度恒定；对于对运输时间有严格要求的文件，顺丰通过高效的航空路线和优先排序机制，保证了极速送达。在每年的双 11、618 等电商高峰期，顺丰展现了其物流配送的强大能力。面对订单量的激增，顺丰不仅加强了与电商平台的数据对接，采用了高级数据加密和实时同步技术实现了订单信息的秒级更新，还通过人工智能算法分析订单流量预测，对资源进行智能重新调配，如增开临时的仓储和分拣中心，并部署自动化分拣设备，确保每一件商品都能在最短的时间内准确送达消费者手中。

## 二

传统的物流与配送模式由于缺乏高效的信息共享平台和自动化技术的支持，供应链各环节之间的信息隔阂大，导致库存管理不精准、配送效率低下、运输成本高昂。过去的零售商往往因为缺乏准确的销售数据和高效的补货系统，而面临库存积压或断货的问题，不仅损害了客户体验，也增加了企业的运营成本。

现代物流技术的发展为解决这些问题提供了可能。自动化仓储系统能够提高仓库操作的效率和准确性，从而减少人力成本和错误率。物联网技术的应用，使得货物在运输过程中的位置和状态可以实时监控，极大地提高了配送的可靠性和透明度。人工智能和大数据分析技术能够帮助企业准确预测市场需求，优化库存和配送策略，从而减少了库存积压、提高了响应速度。

由于市场对快速响应能力的需求不断增长，因此消费者期待着更快速、更灵活的配送服务。这一趋势迫使企业不断寻求创新的物流与配送模式，以满足市场需求。

针对配送时间的高效需求，众多企业转向了本地化仓储和微型配送中心的模式，这些本地化的仓库通常位于人口密集区域或交通便利的地带，通过分散存储，能够实现更快速的订单处理和配送。同时，随着技术的进步，包括无人机和自动驾驶车辆在内的新型配送方式开始被企业纳入物流体系。无人机配送在偏远或难以到达的地区展现出其独特的优势，而自动驾驶车辆则能在城市中自主完成货物的最后一公里配送，这些创新解决方案正在逐步改变传统的物流配送模式。

京东在其智能物流中心部署了大量的机器人，这些机器人负责在仓库内自动搬运商品，机器人能根据电脑系统的指令，自动识别货物并将其准确无误地运送到指定位置。

亚马逊的自动化仓库也引入了成千上万的机器人来移动货架，这些机器人根据计算机系统的指令，精确地将货物从存储区移动到拣选区，极大地减少了人为搬运的需求和相应的错误率，也显著缩短了从订单接收到发货的整体处理时间。

通过集成物联网技术，企业现在可以实时监控货物在仓库内外的精确位置和状态，从而实现配送过程中的高度透明度和增强货物管理的可靠性。

阿里巴巴集团旗下的菜鸟网络利用物联网技术，通过在仓库内外部署大量的物联网设备，如传感器和RFID标签，实现了对货物实时位置和状态的精确监控。这些设备能够实时捕捉和传输货物的详细信息，包括但不限于温度变化、湿度水平，甚至是包裹是否被打开的状态，从而确保了货物在整个供应链中的透明度和安全性。

丹麦的马士基运输公司在其集装箱中部署了物联网设备，这些设备能够实时收集和传输关于温度、湿度、震动等关键参数的数据，确保如医药品这类对运输条件有严格要求的敏感货物，在整个运输过程中的品质和安全得到有效保障。

人工智能和大数据分析的应用进一步提高了物流与配送的效率。通过分析历史数据和市场趋势，企业能够准确预测需求波动，从而优化库存水平和配送安排。

京东物流通过部署先进的人工智能算法和大数据技术，分析了消费者购买行为、季节性需求变化以及促销活动对物流需求的影响。基于这些分析，京东能够动态调整其仓库库存，预先布局热门商品，并优化配送路线，减少配送时间。

联邦快递也利用 AI 技术对其全球配送路线进行优化，通过智能算法计算出最经济高效的配送路径，不仅减少了运输过程中的空驶率，还提升了整体配送的速度和准时率，节省成本的同时确保了客户能够及时收到包裹。

为了进一步提高物流效率，企业还注重优化配送路线和调度策略。采用动态路线规划技术，可以根据实时交通信息和配送任务的变化，动态调整配送路线。这种灵活性使得企业能够更有效地应对突发事件，减少配送延迟。同时，通过利用实时交通信息，企业可以避免交通拥堵，缩短配送时间。

在推动物流绿色化和可持续发展方面，许多企业也在积极采取措施。通过使用环保包装材料和优化包装设计不仅减少了材料的使用，还降低了运输过程中的碳足迹。此外，通过减少能源消耗和采用电动车辆等清洁能源，企业正在朝着更加绿色和可持续的物流模式迈进。

采用多渠道配送策略，企业能够更灵活地响应市场变化和消费者需求。耐克通过巧妙地结合直营物流系统和与顶尖第三方物流公司的合作，显著提高了其产品配送的效率和广度。该公司在全球主要市场设立了多个区域性配送中心，这些中心直接从工厂接收产品，然后根据订单需求，通过精细化的物流网络分发到各个销售点，无论是耐克的品牌店，还是合作伙伴的零售店。此外，耐克还充分利用了数字化转型的优势，通过社交媒体营销加强与消费者的互动，同时在其官网以及主要电商平台，如天猫、京东开设旗舰店，为消费者提供线上购物的便利。在新冠疫情期间，耐克通过这种多渠道策略，成功地保持了销售业绩的稳定，甚至在某些区域实现了增长。

三

面向未来，企业将更加依赖数字化和技术创新，以提高供应链的透明度、灵活性和可持续性，实现前所未有的效率和响应速度。

**商业进化力**：寻找新质逻辑

# 风险与应急预案：应对突发与不确定性

## 一

2011年，日本遭遇了史无前例的福岛核灾难，这场灾难不仅对当地社会经济造成了巨大冲击，还波及到了全球供应链，尤其是汽车和电子产品制造业，这两个行业对精密零部件的依赖程度极高，对供应链的稳定性要求苛刻。

东京电力公司面对前所未有的挑战，迅速与国际合作伙伴建立起紧密的协调机制，通过灵活调整供应来源和运输路线，来确保关键材料和零部件的供应不受中断。东京电力公司不仅依靠其预先制定的详尽应急预案，而且通过其高效的危机管理团队快速做出反应，最大化减小了这场核灾难对全球生产线和配送网络的影响。

2010年，冰岛艾雅法拉火山的爆发，导致欧洲上空弥漫着大量火山灰，航空交通遭受重创，影响了数十国的数千架次航班，造成了巨大的经济损失。这场自然灾害对欧洲及全球的物流和配送网络构成了严峻挑战，许多企业面临货物运输延迟甚至中断的危机。

然而，通过精心的预案规划和物流策略的灵活调整，一些前瞻性企业成功地规避了灾难带来的最坏影响。他们利用替代的运输方式和路线，比如增加海运和陆运的比例，以及通过与其他企业共享物流资源和信息，有效地保持了供应链的流动性和弹性。

## 二

供应链风险类型繁多，包括但不限于自然灾害、政治不稳定、市场需求波动等。企业需要通过系统化的方法来识别潜在的风险点，评估这些风险可能对供应链造成的影响，并制定相应的应对措施。例如，使用风险矩阵可以帮助企业将风险按照发生的可能性和影响程度进行分类，从而优先处理那些可能性高且影响大的风险。

随着信息技术的发展，企业开始利用大数据分析、云计算等技术来提高风险管理的效率和有效性。通过实时监控供应链的状态，企业可以快速发现潜在的风险点，并及时做出响应。

在风险评估方面，SWOT 分析（优势、劣势、机会、威胁分析）也是一种常用的方法。它不仅可以帮助企业识别内部的优势和劣势，还可以评估外部环境中的机会和威胁，为制定有效的风险管理策略提供参考。

## 三

供应链管理中的应急预案，不仅需要涵盖潜在风险的全面识别和评估，还包括具体的响应措施、恢复步骤以及责任分配。

由于日本东京电力公司福岛第一核电站 2011 年的核泄漏事件，迫使多家全球汽车制造商暂停生产，因为它们的供应链过度依赖位于受灾区的关键零部件供应商。这一教训促使许多企业重新评估和设计它们的供应商管理应急预案，包括寻找多个供应源、建立更加灵活的供应商网络，以及定期进行供应链的风险评估。

共同开发应急响应策略和恢复计划是企业间协作的另一个重要方面。

在面对如新冠疫情这样的全球性挑战时，多家企业能够迅速有效地应对并最小化风险的关键，正是因为他们预先制定了详尽的应急预案。

新冠疫情暴发初期，包括制药巨头和医疗设备制造商在内的企业，已经通过之前制定的应急预案，建立了跨企业合作的框架。这些预案中明确

**商业进化力**：寻找新质逻辑

了各自在危机时期的角色、责任和行动步骤，使得他们能够在新冠疫情期间快速协同作战，增加了口罩、消毒液等关键医疗物资的生产量。

索尼在 2011 年泰国大洪水中的出色表现，也是基于其强大的应急预案的。面对供应链可能中断的风险，索尼依托于预先制定的灾害应对策略，迅速启动了预案中的多个措施，如将关键生产线迅速转移至其他地区，与供应商协作寻找替代生产方案等。这些措施的有效执行，减轻了洪水对其全球生产和供应链的影响，确保了企业能够在灾后快速恢复正常运营。

## 四

随着技术的不断进步，新兴技术在供应链风险管理中的应用前景越发广阔。人工智能和区块链技术正成为推动供应链管理革新的重要力量。人工智能通过预测分析可以帮助企业预见和规避潜在的供应链风险，而区块链技术则通过其不可篡改的数据记录提供了一种安全、透明的供应链管理方式。例如，全球快递巨头联邦快递正在利用区块链技术跟踪货物，确保供应链各环节的透明度和安全性，从而提高对风险的响应速度和效率。

对可持续发展与环境社会治理要求的响应也成为供应链风险管理的一个重要趋势。随着消费者和投资者对企业的社会责任和环境影响的关注度日益增加，企业在管理供应链风险时也必须考虑到这些因素。例如，全球服装零售商 H&M 集团就积极采取措施，通过优化其供应链管理来降低碳排放，同时确保其供应商遵守劳工权益，体现了对 ESG 要求的积极响应。

未来，增强供应链的韧性与适应能力将成为企业战略思考的重要方面。面对日益复杂多变的全球经济环境，企业需要通过技术创新和战略规划来提高其供应链的灵活性和韧性。

# 第八章　基于客户心智的客户关系

## 洞察需求行为变化

一

在消费者洞察和市场调研领域,阿里巴巴旗下淘宝的成就可谓是业界典范。

在2019年的"双11"购物节前夕,淘宝利用其庞大的数据资源,对即将到来的消费者购买行为进行了精准的洞察和预测。通过对过去5年"双11"期间的交易数据进行深入分析,并结合当前年度的流行趋势,如健康生活和智能家居的兴起,淘宝预测了消费者对这两个品类的需求将显著增长。这一预测不仅指导了淘宝平台上的商家提前准备库存,还帮助他们通过定向优惠券、限时抢购活动和社交媒体营销来优化营销策略,有针对性地吸引了大量潜在消费者,确保了在这一全球最大的在线购物节期间能够最大限度地满足消费者需求,实现销售额的显著增长。

淘宝之所以能在消费者洞察和市场调研方面做得如此出色,归根结底在于其对大数据技术的高度运用和创新。此外,淘宝也为商家提供了一系

**商业进化力**：寻找新质逻辑

列基于数据分析的营销工具和解决方案，比如"淘宝直播"让商家能够通过直播带货直接与消费者互动，以及"阿里妈妈"营销平台，它利用大数据分析帮助商家识别目标客户群体，从而实现精准营销。通过这些工具和方案，商家能够根据消费者行为和偏好调整营销策略，更好地洞察和理解自己的目标客户群，优化产品和服务，从而提高营销效果。

二

消费者洞察是指深入了解消费者行为、动机、需求和偏好的过程。消费者洞察就像是一把钥匙，能够解锁消费者心中的秘密花园。在这座花园中，隐藏着他们的行为模式、动机、需求和偏好的真相。这些秘密一旦被揭示，就能指引企业制定出更为精准和有效的市场策略。作为这一理念的实施途径，它超越了传统市场研究的范畴，试图揭示消费者决策背后的深层次原因。

星巴克的成功不仅仅源于其提供的高质量咖啡，更是基于其对消费者深层次需求的精准洞察：人们渴望拥有一个既非家庭又非工作场所的第三空间，一个能够提供舒适氛围、让人们在忙碌的生活中找到片刻宁静、进行社交或享受独处时光的地方。

星巴克抓住了这一点，通过设计具有舒适座椅、温馨照明和免费 Wi-Fi 的咖啡店，创造了一个理想的社交和休闲环境，让顾客在享受一杯精制咖啡的同时，也能感受到放松和归属感。星巴克还通过音乐、艺术作品和店内布局反映当地文化，以增强顾客的亲切感和品牌的地方连接性。比如在中国，星巴克推出了以中国传统文化元素设计的限定版商品，以及提供茶饮料等本土化产品，满足了当地消费者的口味和文化偏好。

市场研究就像是使用望远镜探索未知星球，它提供了一种系统的方法来收集、分析和解释关于目标市场、竞争环境以及消费者行为的信息。通过这个过程，企业能够详细观察并理解市场的细微变化和复杂性，就像天文学家通过望远镜观测远方星球的地形和气候，从而为未来的探索做好准备。

通过市场研究，宜家采用了多种具体的方法和途径来深入了解消费者的需求和偏好。这些方法包括在线问卷调查、消费者访谈、焦点小组讨论、社交媒体和网络论坛的情感分析，以及对销售数据的细致分析。通过在线问卷，宜家能够收集大量消费者对于家居产品的直接反馈；而消费者访谈和焦点小组讨论则提供了更深层次的见解，让宜家了解消费者对可持续家居产品的具体需求和期望；社交媒体和网络论坛的分析使宜家能够追踪和理解公众对环保议题的讨论趋势；销售数据分析则帮助宜家识别出哪些可持续产品更受欢迎，哪些需要改进。

这一系列综合的市场研究方法，使宜家发现了消费者对可持续和环保家居产品的增加需求。因此，宜家加大了在环保材料、节能设计和可回收产品上的投入，并通过绿色营销策略将这一品牌价值传达给消费者。宜家的商店和产品目录中明显标识了这些环保产品，并在其官网和社交媒体上分享了宜家在可持续发展方面的努力和成就，如使用可再生材料、减少碳足迹的措施等。

## 三

为了实现消费者洞察和市场研究的目标，全球企业采用了多种策略和方法，包括定性研究和定量研究方法，以获取深层次的消费者理解。

定性研究方法，如深度访谈、焦点小组和情景观察，是揭示消费者深层需求和动机的强有力工具。

一家著名的快消品公司通过焦点小组访谈发现，尽管消费者对产品的基本功能有明确的期望，但他们对产品带来的情感价值和社会认同感也非常重视。这项发现促使该公司重塑其品牌传播策略，更多地强调产品如何帮助消费者表达自我和与他人建立联系。此外，情境观察，如在消费者的日常环境中观察他们使用产品的方式,为公司提供了改进产品设计和功能的洞察。

定量研究方法,包括问卷调查、线上调研和大数据分析。通过使用定量研究方法,可以使企业对客户行为和偏好进行量化。

一家国际零售品牌通过在线问卷调查收集了数千名消费者的反馈,使用数据分析技术识别了几个关键的消费者细分市场,这些细分市场基于消费者的购买行为、生活方式和价值观,使得品牌能够针对这些细分市场设计定制化的营销活动,从而显著提高了营销活动效果。

一家领先的科技公司利用大数据分析,对消费者在社交媒体上的行为进行了深入研究。通过分析消费者如何讨论产品、表达满意度和分享使用经验,该公司得以优化其产品开发和市场营销策略,以更好地满足消费者的期望和需求。

## 四

在进行市场研究时,需要设计一个有效的研究计划。首先,研究计划需要明确研究目标,这些目标可以是了解消费者对某一新产品的接受度、探索消费者的购买行为,或者寻找产品潜在的改进方向。明确目标后,接下来是选择最合适的研究方法,这一选择依赖于研究目标的具体性和所需的数据类型。如果目标是获取具体数字或统计信息,定量研究方法如在线问卷调查可能是最佳选择。而对于需要深入了解消费者态度或行为的目标,使用定性研究方法,如焦点小组和深度访谈等,可能会更合适。最后,确定合适的样本大小也非常关键,因为它直接影响研究结果的代表性和准确性。

苹果公司在开发其智能手表之前,进行了一系列精细化的市场研究以深入理解目标用户群的需求和期望。苹果通过在线调研收集了大规模的定量数据,以评估消费者对智能手表的兴趣和潜在使用场景。同时,通过一对一的深度访谈和小规模的焦点小组讨论，苹果获得了关于消费者对智能手表功能偏好的详细洞察，如健康追踪、通知管理和设计偏好等。在样本选择上，苹果确保了从不同年龄、性别、职业和地理位置的潜在用户中挑选参与者，以使研究结果具有广泛的适用性和高度的精确度。这些深度的市场洞察能力帮助苹果在产品开发初期就精确定位了其智能手表的核心功能和设计方向，从而在发布时获得市场的广泛认可和成功。

数据分析技术就像是一位熟练的厨师，将一堆看似杂乱无章的食材转化为一道美味佳肴的过程。厨师（数据分析师）通过熟悉每种食材（数据）的特性和如何将它们最好地组合在一起，利用他的技巧和经验（数据分析工具和模型）来创造出既满足口味（用户需求）又具有营养价值（有价值的洞察）的菜肴（决策依据）。

尼尔森公司是以提供市场研究和分析而闻名的跨国企业，开发了先进的软件工具，专门用于追踪和分析电视观众的观看习惯。尼尔森的这项技术，通过安装在数百万家庭电视机上的设备，能够捕捉到哪些频道在何时被观看以及观看的持续时间，从而收集到极为丰富的观众观看数据。这些数据不仅包括传统的电视节目收视率，还细化到特定节目的观众年龄段、性别比例及地理分布等多维度信息。通过对这些实时数据的深入分析，尼尔森能够为电视网络、制片方和广告商提供精准的观众偏好报告。这些报告帮助电视节目制作人和广告商了解哪些内容更受欢迎、哪些时段观众最为集中，从而使他们能够制订出更为有效的广告投放策略和内容编排计划。

此外，尼尔森公司还利用其数据分析能力帮助客户预测未来的趋势，指导新节目的开发和旧节目的调整。通过这种方式，尼尔森不仅提供了一个简单的数据收集服务，还成为电视行业内不可或缺的战略伙伴，助力客户在竞争激烈的市场环境中脱颖而出。

## 五

在深入了解客户需求与行为变化的过程中，企业面临着多样性和变化性的挑战，这些挑战来源于客户心智的复杂性及数据解读的难题。

网易云音乐通过分析用户的收听习惯和偏好，成功地揭示了音乐听众的多样性和变化性。面对如何在海量数据中识别出有意义的模式的挑战，网易云音乐采用了先进的算法和机器学习技术，对用户的播放历史、搜索记录以及歌曲跳过行为等数据进行分析。这使得网易云音乐能够深入了解每位用户的音乐品位，进而为每个用户提供高度个性化的歌单推荐。这种策略极大地提高了用户满意度和平台的忠诚度。

爱奇艺在面对大数据解读时，需要从大量的用户观看数据中提取出有价值的洞察力，以优化内容推荐系统并制作引人入胜的原创内容。爱奇艺面临的挑战在于如何处理和解读庞大的数据集，避免数据过载和误读。通过开发高级的数据分析模型，爱奇艺不仅关注用户选择观看的内容，还对观看时间、使用的设备和观看过程中的用户互动行为进行深度分析。这样的深入数据探索使得爱奇艺能够准确地捕捉到用户的偏好，为他们推荐更符合口味的内容或制作受欢迎的原创节目。

## 六

随着技术的不断进步，特别是在人工智能和机器学习领域的突破，我们正步入一个新的时代，这个时代中消费者洞察与市场研究的方式将被彻底改变。未来的消费者研究将更加精准、高效，能够提供更深层次的洞察，帮助企业在更细分的市场中找到定位，从而满足消费者的个性化需求。

技术的进步将使数据收集和分析变得更加自动化和智能化，减少人为误差，加快数据处理速度。同时，通过深度学习和自然语言处理等技术的应用，机器将能更好地理解消费者的情感和意图，从而为企业提供关于消费者行为和偏好的更加深入的见解。这将使得企业能够更精确地预测市场趋势和消费者需求，从而做出更加明智的决策。

## 打造卓越个性体验

一

海底捞通过一系列细致的措施确保每位顾客都能享受到尊贵且个性化的服务。员工经过专门的培训，以顾客的需求和偏好为中心，来提供量身定制的服务。若顾客偏好较轻的口味，海底捞的厨师会即刻调整菜品口味，以符合顾客的个人喜好；对于庆祝生日的顾客，海底捞不仅准备惊喜礼物，如精美的生日蛋糕，还可能安排员工围桌唱生日歌，营造温馨气氛。对于需要等位的顾客，海底捞提供了包括免费小食、饮料在内的多项等待服务，更有美甲服务和免费 Wi-Fi，让顾客的等待时间变得轻松愉快。

技术创新同样是海底捞服务中不可或缺的一部分，比如通过智能化系统精确管理排队顺序，以及部署机器人自动送餐，这些举措不仅提高了服务效率，也为顾客提供了新奇体验。

在营造就餐环境方面，海底捞同样毫不松懈。通过精心设计的桌间距、柔和而舒适的灯光，以及根据餐厅主题精选的背景音乐，海底捞力图为顾客营造一个轻松、愉悦的就餐氛围。此外，海底捞对员工进行的严格服务培训包括顾客服务的基本礼仪、急救技能，以及如何处理各种突发情况，从而确保每位员工都能在顾客需要时提供热情且专业的帮助。

二

用户体验的核心要素包括可用性、交互设计、内容策略，以及响应性与可访问性等。

可用性关注于简化用户界面和操作流程,让产品或服务易于理解和使用。

小米公司在其智能手机和家电产品上采用了基于安卓(Android)的 MIUI 操作系统,通过优化用户界面和简化操作流程,使得用户能够轻松地管理和使用其广泛的智能设备。

华为的 EMUI 用户界面也在其手机和平板电脑上提供了类似的易用性体验,通过智能化的设计和个性化的功能设置,使产品更加贴合用户的日常使用习惯。

苹果公司通过简洁的设计和直观的用户界面,其设备如 iPhone 和 MacBook,为用户提供了无缝的使用体验。苹果的成功在很大程度上归功于其对产品易用性的不懈追求,这使得即使是技术新手也能轻松上手。

交互设计则致力于提升用户互动的直观性和愉悦感。

谷歌的材料设计(Material Design)是一种设计语言,被用来提升用户互动的直观性和愉悦感。这个设计理念采用了基于物理的阴影、动画和布局,旨在模拟真实世界的纹理和光线效果,从而为用户提供一种更加直观和生动的交互体验。通过这样的设计,谷歌追求创造一种简洁、现代的视觉语言,使得数字界面更容易理解和使用,同时更美观。

例如,当用户在使用基于材料设计的应用程序时,他们会注意到按钮有轻微的阴影和点击时的水波纹效果,这些都是模仿真实世界触感的设计细节。这种视觉和动效的细节,不仅使得操作界面看起来更加生动,也让用户能够直观地理解哪些元素是可交互的。

此外,材料设计通过提供一致的视觉、动效和交互原则,来帮助开发者和设计师创建具有良好用户体验的应用,这不仅提高了用户的操作满意度,还有助于建立用户与产品之间的情感连接。

内容策略要求提供有价值、相关性强的内容来吸引和留住用户。

今日头条通过其先进的算法技术，为用户提供高度个性化和相关性强的新闻内容。它根据用户的阅读历史、偏好设置和互动行为，智能推荐符合用户兴趣的文章和视频，从而吸引了庞大的用户群体。今日头条通过提供深度报道、独家专栏以及丰富多样的多媒体内容，满足了用户对高质量信息的需求，建立起与用户之间的长期联系。

《纽约时报》通过其数字订阅服务展示了优秀的内容策略。该报不仅投入重金在国内外设有众多记者站点，保证了新闻报道的时效性和深度，还积极拓展了专栏作家团队，涵盖政治、经济、文化等多个领域，为读者提供多元化的视角和深入的分析。《纽约时报》还充分利用多媒体内容，如视频报道、音频访谈、互动图表等创新形式，极大地丰富了用户的阅读体验。

通过响应性与可访问性，确保了服务的快速响应和广泛可达。

阿里云通过在国内外布局的大量数据中心，为用户提供了快速的数据处理和低延迟的内容分发服务。通过其强大的计算能力和广泛的网络覆盖，阿里云支持了包括双11购物节在内的多项大规模在线活动，展示了其卓越的服务响应能力和高可用性。阿里云还提供了包括云计算、数据库服务、人工智能等在内的全方位云服务，满足了从创业公司到大型企业不同规模客户的需求，确保各类企业都能便捷地接入并利用云技术，推动了他们的数字化转型。

三

在实现个性化服务策略的过程中，企业通过收集和分析用户数据，包括购买历史、偏好设置、浏览行为以及社交媒体互动，来提供高度定制化的服务和产品。

技术的应用，尤其是人工智能和机器学习，能够从大量的用户数据中学习和识别模式，进而预测用户的需求和偏好。例如，推荐系统可以根据用户以往的选择和相似用户的行为，向他们推荐产品或内容。这种技术的应用不仅提高了服务的相关性，也极大地增强了用户的互动体验。

客户旅程地图能够帮助机构从用户的角度出发，识别出在不同触点上的个性化机会。通过绘制客户从认识品牌到最终购买的整个过程，企业可以发现并解决用户体验的潜在痛点，同时在关键时刻提供个性化的支持和服务。这种策略的应用确保了用户在与品牌互动的每一个阶段都能获得个性化的关注，从而增强整体的客户满意度和忠诚度。

## 四

如何塑造卓越的用户体验？采纳设计思维、敏捷开发及持续迭代，并鼓励用户参与，成为众多机构在提升用户体验和服务个性化方面获得成效的核心。

设计思维通过注重以用户为中心的创新路径，专注于解决用户的实际问题。

某些前沿技术企业通过应用设计思维深入洞察用户的日常生活，设计出既能满足用户需求又简便易用的产品。这种方法不仅增强了产品的实用性，还深化了用户的情感联结。比如，知名的设计软件提供商通过对用户工作流程的深入研究，推出了一系列直观的设计工具，极大地简化了设计师的工作流程，使其能够更加专注于创造性工作。

敏捷开发和持续迭代，强调快速响应市场和用户反馈，不断优化产品和服务。通过短周期的迭代，团队可以迅速发现并解决问题，实时调整发展策略，确保产品和服务始终满足用户的期待。这种方法的灵活性和速度，是数字化时代企业维持竞争力的关键。例如，微信、抖音、支付宝等流行的移动应用在初次发布后，通过连续的用户反馈和迭代更新，不断增加新功能和优化用户界面，最终成为市场上的佼佼者。

用户参与策略通过建立社区和激励机制，激励用户直接参与产品和服务的创新过程。这不仅能提高用户的满意度和忠诚度,也能促进产品和服务的持续完善。

某个在线学习平台通过社区论坛、社交媒体互动和定期的用户调研,积极收集用户反馈,将这些宝贵的意见和建议集成到课程内容和平台功能的更新中,从而不断提升用户体验。这种互动不仅让用户感受到自己对产品改进的影响力,还建立了用户与品牌之间的强烈联结。

五

重视用户体验和个性化服务的核心,实质上是要体现人类天性中的善良与爱心,以及其对诚实、关怀、理解和同情的渴望。这些品质在当今中国日益成为稀缺资源,其在商业实践中的体现变得尤为宝贵,不仅展示了企业的人文关怀和文化底蕴,而且对企业的成长、消费者权益保护,以及社会文明的进步都具有深远的意义。

随着科技的迅猛发展,特别是人工智能、机器学习和大数据分析技术的普及应用,用户体验和个性化服务的前景与挑战正变得愈加复杂。这些技术的进步不仅为企业提供了深度洞察客户需求和预测用户行为的能力,使得服务更加精准和个性化,也在推动社会文明向前发展和提升道德标准方面起到了先驱的作用。

# 塑造企业价值形象

一

自1886年问世以来,可口可乐就开始了它的品牌建设之旅,其成功首先在于它明确了品牌身份和形象——不仅仅是一款饮料,更是快乐和共享的象征。

这一品牌形象的建立，得益于可口可乐长期以来一贯的广告策略，将其产品与积极的生活态度和愉悦的社交场合联系起来。其著名的圣诞老人广告系列，将可口可乐与家庭、欢乐和节日气氛紧密相连，成功地在消费者心中树立了一个温馨、亲切的品牌形象。

可口可乐在世界各地的户外音乐会和体育赛事中的积极参与，也将品牌与年轻、活力和激情的生活方式联系在一起，强化了其作为现代生活伴侣的品牌形象。其"分享一瓶可口可乐"活动，通过在瓶身印制人们常用的名字和称呼，鼓励人们购买并与亲朋好友分享，这一创意营销策略不仅增加了产品的个性化体验，还进一步巩固了可口可乐作为连接人与人之间情感的桥梁的形象。这些举措共同塑造了可口可乐乐观、包容和社交的品牌核心，使其成为全球最受欢迎和最具影响力的品牌之一。

在营销创新方面，可口可乐是最早将产品本土化策略运用到全球市场的跨国公司之一。

在中国，可口可乐推出了"开启新年"系列广告，里面融入了中国的春节文化元素和家庭团聚的主题，因此深受当地消费者喜爱。

在美国，可口可乐的广告则倾向于强调个人享受和自由精神，如著名的"我想为这世界买瓶可乐"广告歌曲，传递了和平与爱的信息。这些差异化的广告策略有效地增强了品牌与不同地区消费者之间的联系。

可口可乐还利用最新的数字技术和社交媒体平台，与消费者进行互动和沟通。

可口可乐在2014年巴西世界杯期间推出的"世界杯抢票行动"，利用社交媒体平台激励粉丝分享他们对足球的热爱，并有机会赢取世界杯门票。此外，可口可乐还推出了名为"可乐声波"的活动，通过特定的可乐瓶身设计，消费者可以扫描瓶身上的二维码，听到各种与可口可乐相关的音乐和声音，这一策略不仅增加了趣味性，也进一步加深了消费者与品牌之间的互动。这些策略的成功实施，进一步增强了可口可乐的个性化和社交属性。

二

品牌身份是品牌的灵魂，它不仅代表了品牌的价值观和使命，还体现在品牌的视觉符号、语言风格和顾客体验上。

品牌形象则是品牌在消费者心中的反映，是消费者对品牌个性、价值和特性的感知。

成功的品牌建设需要确保品牌身份和品牌形象的一致性，从而在消费者心中占据独特的位置。理解客户心中的品牌定位是实现这一目标的关键。

品牌定位就是找出自家品牌在市场上独一无二的位置，让其与其他竞争品牌区别开来。这意味着品牌需要深入了解其的目标客户想要什么、喜欢什么以及他们的习惯。通过精确地了解并划分市场，品牌能够有效地和目标客户交流，满足他们的特别需要，这样就能在客户心里留下深刻的品牌印象。

小米的品牌身份围绕"为发烧而生"的理念展开，这一理念深刻体现了小米对技术和创新的不懈追求。在产品设计方面，小米推出了包含旗舰级配置的智能手机，如小米11，搭载了业界领先的骁龙888处理器和1亿像素相机，同时价格却远低于同类竞品，它满足了对高性能产品有极致要求的用户。

小米的品牌形象则是作为一家互联网科技公司，在消费者心中的反映。通过开放的MIUI系统、高性价比的智能硬件产品，以及以用户为中心的市场策略，小米成功地在消费者心中建立了一个亲民、创新和互动的品牌形象。

市场传播方面，小米采用了独特的"粉丝文化"策略，通过线上社区、线下粉丝见面会等方式与用户紧密互动，聆听用户声音并快速响应，这种以用户为中心的市场传播方式，不仅加深了用户对品牌的忠诚度，也使得小米的品牌形象更加亲民和活跃。

耐克这家全球领先的运动品牌，通过强大的品牌身份和清晰的市场定位，在消费者心中建立了不可动摇的地位。

耐克将自己定位为不仅提供高质量运动装备的品牌，还是一个激励人们超越极限、追求卓越的品牌。耐克的标志性口号"Just Do It"（想做就做）鼓励人们无论面对何种挑战，都要勇往直前。这一品牌信息在全球范围内得到了广泛的共鸣。

三

在品牌建设的过程中，营销创新起着至关重要的作用。它不仅能够帮助品牌在竞争激烈的市场中脱颖而出，还能够加深消费者对品牌价值和形象的认识。通过结合客户心理的营销策略，品牌能够更有效地与目标消费者建立情感连接，从而在他们心中留下深刻印象。

以喜茶为例，这个在中国迅速崛起的茶饮品牌，通过其创新的营销策略成功地塑造了其品牌形象。喜茶不仅仅是提供茶饮的地方，更是一个年轻人聚集、分享和体验新鲜事物的平台。通过推出季节限定饮品、与流行文化进行联名以及在社交媒体上的活跃互动，喜茶深受年轻消费者喜爱，有效地将自身定位为一个潮流生活方式的象征，它不只是一家茶饮店。这种独特的营销策略不仅增强了品牌的吸引力，也极大地提升了品牌的市场份额和消费者忠诚度。

在数字时代，通过利用社交媒体平台，品牌可以与消费者进行直接互动，及时获取反馈，并根据消费者的偏好和行为模式调整营销策略。

宝洁公司的"感谢妈妈"广告系列在社交媒体上引发了巨大反响。通过讲述运动员背后的妈妈们的故事，宝洁成功地传达了其品牌价值，即赞扬了母亲的力量和牺牲，这一策略不仅增强了宝洁品牌的形象，也在全球范围内赢得了消费者的广泛共鸣。

创新的营销策略也体现在如何使用最新技术与消费者互动方面。

耐克通过其应用程序 Nike+，利用数据和技术来个性化消费者体验。用户可以追踪自己的运动表现，获取训练建议，并与其他用户竞争。这种互动性不仅增强了消费者对品牌的忠诚度，也将耐克的品牌形象与创新和社区联系了起来。

## 四

企业的核心价值观不仅反映了企业的使命和愿景，而且是企业文化和品牌形象的基石。通过清晰地传达这些价值，企业可以在消费者心中建立起深厚的情感连接，进而塑造一个有意义和可信赖的品牌形象。

吉利汽车自成立以来，就坚持以"创造更高品质的汽车生活"为核心价值观。它通过不断的技术创新和卓越的产品质量，成功地传达了其为消费者提供安全、环保且具有高性价比的汽车生活的品牌承诺。特别是在新能源汽车领域，吉利积极布局，推出了一系列电动汽车和油电混动汽车，展现了其对可持续发展的承诺和对未来出行方式的探索。

阿里巴巴集团利用故事讲述的方式强有力地传播了其企业价值观，其中一个典型的例子是"乡村振兴计划"。通过这一计划，阿里巴巴致力于利用在电商、云计算和数字支付领域的技术优势，帮助中国偏远农村地区的小型农户和企业实现数字化转型。通过一系列的纪录片和故事性广告，阿里巴巴展示了如何用技术赋予小农产品更广阔的市场，如何通过阿里的平台让农民直接连接到城市消费者，从而提高他们的生活水平和经济状况。

一个具体的例子是关于一位种植西红柿的农民，通过参与阿里巴巴的"农村淘宝"项目，他得以通过线上销售直接触达全国买家，销量和收入均显著增加。这个故事不仅展现了阿里巴巴技术的影响力，还体现了其致力于社会责任和可持续发展的核心价值观。通过这样的故事讲述，阿里巴巴成功地将品牌价值与实际行动紧密相连，与消费者建立了深厚的情感联系，让消费者、小企业主以及农民感受到阿里巴巴带来的积极变化，从而赢得

**商业进化力**：寻找新质逻辑

了公众的广泛认可和尊敬。

五

随着技术的快速发展和消费者行为的不断变化，人工智能和增强现实技术的应用正在重新定义消费者与品牌的互动方式。

亚马逊的虚拟试衣间可允许用户通过 AR 技术在家中试穿服装，用户可以通过手机或平板电脑的摄像头来捕捉自己的形象，然后应用会将选定的服装以逼真的三维图像覆盖在用户的虚拟身形上。这个过程不仅支持不同款式和颜色的切换，还能从多个角度展示穿着效果，仿佛用户真的穿上了这些衣服站在镜子前。此外，虚拟试衣间还提供了尺寸推荐和风格建议，帮助用户更容易地找到合适的产品。

未来的营销创新方向，数据驱动的个性化营销将成为主流。

那时的你会在工作间隙，通过手机或电脑走进一家虚拟现实商店，其中 AI 助理能通过大数据立即认出你是谁，并即时分析你的表情、语调甚至心跳，推荐出最适合你当前情绪和需求的商品。街道上的广告牌不再是静态图片，而是根据过往行人的兴趣实时变化的 3D 展示。家中的智能镜子能够根据你的日程和天气，为你推荐合适的服装和配饰。这个不远的未来世界，每个消费者的体验都是独一无二的，完全定制化，营销不再是一种推送，而是一种与消费者深度互动的艺术。

# 利用社交媒体互动

一

抖音直播带货作为数字营销的新形态，已经从简单的商品展示和推广，演变成一个包含内容创造、社交互动和经济利益共享的复杂生态。辛巴旗下辛选集团的最新动作——成立了专门负责直播切片带货的新公司以及推进"百万宝妈计划"，充分体现了直播电商对于拓展商业模式和深化用户参与度的不断探索和尝试。

通过辛选集团的行动可以看到，直播电商正越来越注重利用现有的供应链优势和社交媒体平台的特性，来创造更多元化的商业机会和更广泛的用户参与。例如，辛选新成立的子公司不仅聚焦于将直播内容转化为短视频带货新渠道，还通过"百万宝妈计划"特别针对宝妈这一关键意见消费者（KOC）群体，开放供应链和运营能力，从而支持更多用户参与到短视频带货中来。

直播切片带货的模式，尤其是辛巴及其他头部主播如罗永浩、董宇辉等的参与，进一步证明了个人品牌和粉丝基础在数字营销中的巨大价值。这些主播不仅通过直播带货本身实现销售，还通过将直播中的精彩内容切割成短视频，为粉丝和其他有意向的带货者提供了二次利用的可能，从而实现了销量和声量的双重增长。这种模式的成功，依托于强大的个人影响力和粉丝群体的积极参与，体现了社交媒体时代下，人与人之间互动的重要性和影响力。

罗永浩在一次直播切片带货活动中，通过精心编辑的短视频片段，再现了他在直播中对产品的详细介绍和推荐，这不仅增加了商品的可信度，也让无法实时观看直播的粉丝有机会接触到这些内容，从而扩大了带货的影响范围和潜在购买者的数量。

辛巴的"百万宝妈计划"更是直接针对有带货意愿的宝妈群体，提供平台支持和资源共享，使得这一特定群体能够在自己的社交圈中发挥影响力，从而带动销售，在实现个人价值的同时，也为品牌创造更多的商业机会。

二

在新媒体时代，随着数字营销的兴起，消费者的行为和预期发生了根

**商业进化力：寻找新质逻辑**

本性的变化。这一变化不仅要求企业重新审视与客户的互动方式，更要求它们在维护客户关系的过程中采用更加创新和个性化的方法。

以小红书为例，这个集社交媒体与电子商务于一体的平台，通过鼓励用户分享自己的使用心得、旅行日记等内容，为品牌和消费者搭建了一个互动交流的桥梁。某国内美妆品牌便利用小红书平台，通过与平台上的关键意见领袖（KOL）合作，发布品牌故事和产品使用心得。这种方式不仅增加了品牌的可见度，还通过真实的用户反馈建立了消费者的信任。更重要的是，这种互动不仅局限于品牌和消费者之间，消费者之间的相互推荐和讨论，也极大地促进了品牌忠诚度的提升和产品销量的增加。通过精心策划的话题挑战和用户生成内容（UGC）活动，该美妆品牌不仅成功扩大了其社交媒体的影响力，还有效地转化为实际的销售增长。

社交媒体与数字营销的核心价值，在于其能够提供深入的消费者洞察，并允许品牌以前所未有的方式与消费者进行互动。

耐克在其官方微博和微信平台上推出了"Just Do It"（想做就做）挑战赛，鼓励用户分享参与运动的照片或视频，并使用特定的话题标签。这种方式不仅加强了耐克与消费者的联系，还促使户生成内容（UGC）来展示个人的运动故事和耐克产品的实际使用情况。通过这些真实的用户故事，耐克成功地展示了其品牌价值，同时这种策略也有效将参与互动的用户转化为品牌的忠实拥趸，大大增强了社区消费者的活跃度和品牌忠诚度。此外，耐克还经常邀请专业运动员和健身教练在这些平台上分享专业的训练技巧和健康的生活理念，进一步丰富了内容的多样性，也加深了品牌与消费者之间的互动和连接。

消费者心理与行为的变化趋势表明，现代消费者更加渴望获得与个人相关且具有个性化的内容和体验。这种趋势促使企业必须更加关注消费者的个性化需求和期望。社交媒体的兴起改变了人类的交往模式，使消费者之间的互动和分享变得更加频繁和容易。这种变化为品牌提供了一个珍贵的机会，使其能够通过社交媒体平台与消费者之间建立起更紧密的联系。

完美日记是一家中国化妆品品牌，它通过社交媒体平台小红书进行品牌营销，利用小红书上用户的口碑传播，结合个性化内容营销策略，推出了与用户互动性极强的"试色"活动，以展示其产品多样性，且通过邀请用户分享自己的使用体验和试色效果，增加用户的参与感和归属感。这种个性化和社区化的营销策略，让完美日记迅速在年轻消费者中积累了高度的品牌认知和好感度，成功将消费者转化为品牌忠实用户。

Spotify（声田、声破天，在线流媒体音乐播放平台）在社交媒体营销方面，通过年终总结活动与用户建立了深厚的联系。每年年末，Spotify会为用户生成一份个性化的音乐报告，来总结用户一年来的听歌历程，并鼓励用户在社交媒体上分享自己的音乐报告。这种活动不仅展现了Spotify强大的数据分析能力，还通过社交媒体平台加强了用户之间的互动，增强了用户的个性化体验感和品牌忠诚度。

## 三

在社交媒体和数字营销的领域中，打造个性化的用户体验已成为企业吸引和保持客户的关键策略。通过利用大数据和先进的分析工具，企业能够深入理解消费者的需求和偏好，从而提供量身定做的服务和内容。

数据驱动的消费者洞察策略，为企业提供了一个强大的工具，使它们能够捕捉到消费者行为的细微变化，并据此调整市场策略。

亚马逊就是这方面的佼佼者，通过分析顾客的购物历史、搜索记录和购买时间，亚马逊能够推荐高度个性化的产品，极大地提升了顾客的购物体验。此外，亚马逊还使用这些数据来优化其物流和库存管理，以确保最受欢迎的商品始终有货，进一步增强了顾客满意度。

创造有针对性的内容营销方案是另一项关键策略。

红牛就是利用内容营销成功吸引用户的典范。通过发布与极限运动和冒险活动相关的激动人心的视频和文章，红牛不仅强化了其品牌形象，也建立了一群忠诚的社群成员。这些内容不是通过直接促销产品,而是通过与消费者共享共同的兴趣和价值观来加强与他们的联系。

互动与参与是建立用户社区的重要手段。

宜家通过在线平台和社交媒体频道,鼓励用户分享自己的家居装饰灵感和成果。通过举办设计竞赛和提供互动工具,如虚拟现实家居布局应用,宜家不仅提升了用户体验,还促进了顾客之间的交流和互动。这种策略不仅有助于增加用户对品牌的忠诚度,也为宜家提供了宝贵的用户生成内容,进一步吸引了更多的潜在客户。

## 四

社交媒体与数字营销不仅改变了企业与客户之间的互动模式,也为品牌提供了前所未有的机会来增强客户的体验和忠诚度。

在未来,社交媒体将成为更有吸引力、更有效的数字营销工具。

可以设想,在光影交错的未来城市中,随着夜幕降临,城市的霓虹灯逐渐亮起,人们的数字化身在虚拟空间中自由穿梭,分享、交流、体验不同的品牌故事。企业通过先进的社交媒体和数字营销技术,不仅能够洞察消费者的最深层需求,还能预测他们未来可能的渴望。未来的社交媒体与数字营销,将带领我们进入一个更加紧密连接、更加理解彼此的时代。

# 建立长期忠诚关系

## 一

腾讯公司在客户关系管理与用户忠诚度培养方面非常优秀。其社交平台,尤其是微信,已经成为中国乃至全球数十亿用户日常生活的一部分。

微信不仅是一个即时通信工具，还整合了支付、社交、新闻、生活服务等功能，形成了一个生态系统。这种一站式服务模式，极大地提高了用户的依赖度和忠诚度。通过不断优化用户体验，腾讯使得微信成为用户社交互动、支付购物，甚至是政府服务的重要平台。

腾讯在游戏领域的成就也是促进用户忠诚度的重要因素，其旗下拥有多款全球知名的游戏，如《王者荣耀》和《和平精英》等。腾讯通过不断的游戏更新、举办电竞赛事和社区活动，有效地提高了玩家的参与度和品牌忠诚。特别是通过电竞赛事的举办，腾讯不仅提升了游戏的可玩性，也极大地增强了玩家社区的凝聚力。

腾讯的客户服务也是提高用户满意度和忠诚度的关键。它对用户反馈给予了高度的重视，无论是通过社交平台、官方论坛还是客服系统，都能快速响应用户需求和解决问题。这种高效率的问题解决机制，加深了用户对腾讯品牌的信任。

腾讯还通过大数据和人工智能技术，对用户行为进行深入分析，以提供更加个性化的服务。在微信阅读、腾讯视频等平台，通过算法让系统为用户推荐感兴趣的内容，从而提高用户的满意度和平台黏性。这种基于用户偏好的个性化服务，进一步增强了用户的忠诚度。

在公益和社会责任方面，腾讯也展现了其品牌的社会价值。通过"腾讯公益"平台，腾讯鼓励用户参与到公益事业中来，这不仅提升了腾讯的品牌形象，也让用户感受到自己的参与能够带来社会价值，从而增强了用户与品牌之间的情感连接。

## 二

客户关系管理就是公司和客户保持良好关系的一套核心做法。它的目标是深入了解客户想要什么、期待什么，并努力满足其需求。这不仅是公司在复杂的市场环境中成长和做出聪明决策的关键，还包括一系列活动，

**商业进化力：寻找新质逻辑**

比如收集和分析客户信息，以及管理和客户之间的互动，最终目的是让客户更满意、更忠诚，帮助公司实现长期的发展。

客户关系管理远不只是使用 CRM（客户关系管理）软件那么简单，它是一个包括战略规划、市场营销、客户服务支持等多个方面的综合性、多层次的关系建立和维护方法。这显示了一种全面的管理方式，对于指导公司应对市场的变化和在持续变化的商业环境中做出战略性的决策是非常关键的。

CRM 系统是帮助实行客户关系管理策略的技术工具，它融合了多种功能，比如管理客户信息、自动化营销、管理销售过程和提供客户服务支持。通过这些功能，公司能够全面了解客户情况，更准确地预测客户行为，做到更有效地与客户进行交流。

Salesforce（译作软件营销部队或软营，是全球按需 CRM 解决方案的领导者）作为全球领先的 CRM 解决方案提供商，帮助无数企业实现了客户信息的集中管理和分析，通过提供个性化的客户服务和营销策略，显著提高了客户满意度和忠诚度。

CRM 策略的制定始终以客户心智为出发点，强调深入理解客户的需求和期望。这种策略不仅仅是收集客户的基础信息，更重要的是分析客户的购买行为、偏好变化以及反馈，进而制订个性化的服务和营销计划。

宜家通过其 CRM 系统收集客户购买数据和在线行为信息，分析客户的家居需求和偏好，进而提供更加个性化的产品推荐和装修解决方案。

在实施 CRM 策略时，企业还会利用先进的数据分析技术，如人工智能和机器学习，来深化对客户心智的理解。这些技术能够帮助企业从海量的客户数据中识别出有价值的洞察，预测客户的未来行为，从而更精准地满足客户需求。

抖音的个性化推荐算法，通过综合分析用户的浏览历史、点赞、评论和分享等互动行为,以及视频内容的类型、时长和用户在观看视频时的停留时间,来精准地构建每位用户的偏好模型。随后,抖音利用这一模型为用户推荐他们可能感兴趣的视频内容。这种高度个性化的内容推送机制,不仅显著提升了用户的满意度,也使得用户更倾向于在平台上花费更多时间,从而大幅度提高了用户对抖音平台的忠诚度和活跃度。

三

成功的企业都有一个共同点:它们能够收集、分析并利用客户数据来优化产品和服务,从而提升客户满意度和忠诚度。

收集和分析客户数据的方法多样,其中一种有效的方式是通过社交媒体和在线交互。

例如,李宁利用其社交媒体平台收集用户反馈和参与度数据,通过分析这些数据,李宁能够深入了解消费者对产品的真实感受和需求,进而调整产品开发和营销策略。

客户行为和偏好的变化趋势是企业必须持续关注的另一个重要方面。

以小米为例,通过对大量购买数据的分析,小米不仅能够预测个别客户的购买行为,还能够捕捉整个市场的趋势变化。这种洞察力使小米能够提前调整库存和营销策略,以确保其产品和服务始终符合消费者的期望。

利用心理学理论解读客户需求,是提升 CRM 效果的另一关键策略。

无印良品就是一个利用心理学原理来优化顾客体验的典范。通过布置一系列精心设计的展示空间,无印良品不仅展示了产品,还激发了顾客的想象力,使他们能够更容易地想象产品在自己家中的样子。这种基于心理学的营销策略极大地增强了顾客的购买欲望,从而提高了销售额和顾客满意度。

四

通过设计和实施有效的忠诚度计划,企业可以深化与客户的情感连接,提升客户满意度和忠诚度。

星巴克的忠诚度计划是一个卓越的例子。通过其移动应用，星巴克允许顾客收集积分（称为"星星"），这些积分可用于免费兑换饮品和食物。更重要的是，该应用基于顾客的购买历史和偏好，提供个性化的优惠和推荐，极大提升了客户满意度。

情感连接在培养忠诚度中起着至关重要的作用。

丰田汽车通过其"丰田之道"文化，强调与客户建立长期稳定的关系而非仅仅进行单次交易。丰田的售后服务强调对客户需求的快速响应，通过这种方式，丰田不仅赢得了客户的信任，也深化了客户对品牌的情感依恋。

丝芙兰（Sephora）的美容会员计划，通过提供积分、生日礼物和独家优惠来奖励其会员。这个计划通过提供不同级别的会员资格，根据顾客的消费额来提供更多的奖励，从而有效地激励顾客增加消费并保持品牌忠诚度。丝芙兰通过这个计划收集的数据，来帮助品牌更好地了解顾客需求，从而提供更加个性化的产品和服务。

五

理解客户的需求和行为，提供个性化的服务和体验，是加深客户忠诚度和维护长期客户关系的关键。随着市场的不断变化和技术的发展，企业必须持续创新，不断探索新的方法和策略，以满足客户的期望和需求。

# 下篇
## 成功案例

# 第九章　企业组织进化探索

## 农夫山泉：通过"专属改革"突破发展瓶颈

### 一

在快速消费品（快消品）行业中，农夫山泉以其持续的创新精神，树立了其在行业中的地位。农夫山泉不仅在产品创新上勇于尝试，也在市场战略上不断探索新的路径。

随着企业规模的扩大和市场环境的变化，农夫山泉也遇到了发展瓶颈，尤其是在组织结构和经销商体系方面的挑战。这些挑战促使农夫山泉必须寻找突破口，以维持其市场领先地位。

在这样的背景下，"专属改革"应运而生，成为农夫山泉继续领跑市场的关键性策略。

"专属改革"的背景不仅源于外部的市场竞争压力，还源自其内部对高效、灵活经营模式的追求。在 2016 年至 2019 年这一关键时期，农夫山泉通过深度分析和自我审视，确定了以"专属改革"为核心的战略目标，通过重构经销商体系、优化管理模式和激励机制，来解决组织发展的瓶颈问题，从而提高市场竞争力。

改革之前，农夫山泉的经销商模式比较传统，与行业内其他快消品品牌无太大差异，这种模式在初期支撑了快速的市场扩张和销售增长。然而，随着市场竞争的加剧和消费者需求的多样化，原有的经销商体系开始显露出管理效率低下、市场响应迟缓等问题，严重制约了公司的进一步发展。

农夫山泉的创始人钟睒睒及其团队深知，要想持续领先，就必须在组织和管理上进行大胆创新和改革。因此，"专属改革"的主要目的是通过优化和重构经销商体系，解决组织发展瓶颈，提升整个企业的市场竞争力。通过引入"合属业代"与"专属业代"等新概念，农夫山泉不仅重新定义了与经销商的合作模式，还彻底改变了企业内部的管理逻辑和激励机制，使得整个组织结构更加灵活高效，能够更快速地响应市场变化，满足消费者需求。

通过一系列深刻的内部改革，农夫山泉成功突破了组织发展的瓶颈，实现了业务的快速增长和市场地位的进一步巩固。

二

在启动改革的阶段，农夫山泉深入剖析了其经销商模式，并认定该模式亟须全面的优化与更新。公司决定从传统经销模式转向一种"专属"经销商模式，引入"合属业代"和"专属业代"两个关键概念。

"合属业代"指的是那些虽然日常工作在经销商处，但仍旧在农夫山泉的人事架构内，由农夫山泉直接支付基础工资和福利的销售人员。而"专属业代"，则是指直接由经销商雇用并管理的销售人员，他们与经销商签订劳动合同，其薪酬和福利完全由经销商负责。尽管这部分员工的合同关系与农夫山泉无直接关联，农夫山泉[1]仍通过各种机制确保这些员工能够获得

---

1 参见：夏露，《连续 8 年市场占有率第一，农夫山泉是如何做到的？》搜狐新闻，2021 年 8 月 24 日。

**商业进化力**：寻找新质逻辑

与"合属业代"相似的待遇和激励，以维护整个销售网络的公平性和动力。

通过这一分明的双轨制，农夫山泉不仅增强了一线销售团队的稳定性和积极性，还确保了公司能够以更灵活的方式来快速适应市场变化。

在经销商体系经历一番彻底的重构后，农夫山泉同样对其内部管理模式实施了深度改革，其显著特点是销售渠道的简化，农夫山泉通过减少中间环节，直接连接生产与市场，使得产品信息流和物流更加流畅，从而缩短了从生产到消费者手中的时间。

此外，农夫山泉还通过对业绩管理和激励机制的精心设计和优化，成功地激发了员工的积极性和创造力。

例如，引入"万元工资不是梦"政策，通过为一线销售人员设置可达成的业绩目标和相应的高额奖励，进而显著提高了销售团队的动力和工作满意度。

农夫山泉还实施了一系列针对性的培训和发展计划，以支持员工的职业成长和技能提升。通过提供在线和面对面的培训课程，员工能够不断学习新的销售技巧和管理知识，这进一步增强了团队的专业能力和市场竞争力。

通过这些措施，农夫山泉建立了一个更加灵活、高效的管理体系。

三

随着"专属改革"的全面推进，农夫山泉在组织结构、经营策略以及人员激励方面的深刻变革，为企业带来了显著的成效与深远的影响。

最直观的成效体现在公司业绩的显著增长上。在改革前后的对比中，农夫山泉的销售额和利润都实现了跨越式的增长。

具体来说，从2016年到2019年，公司销售收入从约140亿元增长至240亿元左右，这一增长速度远超行业平均水平，三年复合增长率达到了17.2%，利润复合增长率更是达到了21.0%。

改革也极大地提升了农夫山泉在快消品行业中的竞争力。通过重构经销商体系和优化管理模式，农夫山泉能够更快速地响应市场变化，更有效地满足消费者需求。这不仅增强了公司的市场地位，也提高了品牌影响力。事实上，农夫山泉的成功改革，使其成为快消品行业内的一个标杆，引领了行业的发展趋势。

此外，内部管理的效率和员工的满意度也因改革而大幅提高。简化的销售渠道和优化的业绩管理机制，使得决策执行更加迅速，员工的工作效率也得到了显著提高。而"万元工资不是梦"政策等激励措施，更直接地提升了员工的积极性和创造力，使得员工满意度和忠诚度都得到了极大的提升。

## 美的：通过"组织进化论"推进不断变革

一

美的集团，自1978年成立以来，从一个小型的塑料加工厂发展成全球知名的家电和科技集团。40多年来，美的在组织结构和管理模式上发生了多次进化和变革，以适应各时期的时代和企业战略需要。

1993—1996年是美的组织变革的关键转折点。

1993年11月12日，美的成功地在深圳证券交易所挂牌上市，这对其内部管理提出了更高的现代化要求。创始人何享健深感传统的家族式经营模式及创业元老团队已不能满足企业未来发展的需求，基于这一深刻的洞察，他决定进行根本性的改变。

何享健通过经济补偿和个人感情等手段，逐步实现了对创业元老团队的温和过渡。这一阶段，伴随着"电脑释兵权"的象征性故事，不仅代表

**商业进化力**：寻找新质逻辑

了科技在企业管理中的应用，更象征着管理思想和管理模式的根本性变革。随着创业元老的退场，美的进行了一系列中高层管理干部的调整，实施了董事分管下的厂长负责制，虽然保留了高度集中的管理方式，但管理的核心开始向经验和权威结合的方向转变。

与此同时，美的从1994年开始实行"经营目标责任制"，并采取年度签订的方式，不仅包括销售公司，各工厂厂长也需签约。此举标志着美的管理方式向以目标为牵引的责任制管理转变，为美的带来了以结果为导向的管理实践。

二

1997年，美的集团实施了分权管理的事业部制变革，对管理模式进行了重大调整。通过引入事业部制，美的有效解决了其多元化战略与组织结构之间的矛盾，同时克服了高度集权管理模式下干部责任不明确、不担当的问题。事业部制的引入，为美的带来了管理上的责权一致和利益匹配，使各事业部更加专注于市场和业务的发展。

在事业部制的框架下，美的集团采取了"赛马"机制，激发了各级干部的活力和创新意识。这一机制不仅促进了干部之间的健康竞争，也加速了管理能力和业务水平的提高。通过将干部管理与业绩紧密关联，美的确立了一种更加动态和效能导向的管理文化，极大地促进了组织的活力与创新能力。

此次进化的成果显而易见，在面临销售额下滑至21.8亿元的挑战后，美的集团不仅迅速恢复，还在2000年成功实现了销售额的突破，达到了100亿元。

三

随着分权事业部制的深入实施，美的集团各事业部间的自主权大幅增强，带来了前所未有的活力和动力。

然而，这种分权也逐渐孕育了"山头主义"的倾向，即事业部间的利益冲突和内部竞争开始影响集团整体的战略协同和资源配置效率。事业部总经理的地位越发显赫，一些关键决策和资源分配开始出现偏差，对集团的长远发展构成了潜在的威胁。

2002年，美的集团面对"山头主义"的问题采取了果断行动，通过一系列组织结构的调整和管理流程的改革，打破了事业部间的壁垒，促进了资源的合理流动和知识的共享。最具标志性的举措之一是将家庭电器事业部"一分为四"，并对干部进行大规模的调整和优化。这一措施不仅提高了管理效率，更重要的是，通过干部的调整和流动，消除了固化的利益集团，为集团的整体战略和协同创造了条件。

何享健对这次变革给予了高度评价。他认为，通过组织结构的优化和干部队伍的调整，不仅解决了存在于美的文化中的障碍，还显著提升了团队的整体素质和执行力。

2003年，通过对厨具事业部的拆分和进一步的组织优化措施，进一步加强了干部管理的体系性和科学性，有效地预防了"山头主义"的再次出现。

四

2005年，标志着美的集团的第四次重要进化——职业经理人分类管理的实施。这一阶段，美的集团面临着全球化竞争加剧和内部管理需求日益复杂化的挑战，亟需对其管理体系进行更为精细和高效的调整。

2004年年底，美的集团对其组织结构进行了历史性的大规模调整，撤销了部分管理部门，并根据产业整合的战略方向，重新组建了日电集团、制冷集团、电机事业本部和房产事业本部四大二级产业集团。这一重大举措不仅为美的集团的持续发展提供了新的动力，也为职业经理人的分类管理奠定了基础。

2005年，随着二级产业集团管理模式的正式运作，美的集团的管理体系开始朝着更加分化和专业化的方向发展。企业集团对二级集团的"放权"以及二级集团对三级事业部的"收权"，形成了一级集团着重于价值创造、二级集团专注于产业扩张、三级经营单位致力于市场开拓的新型管理架构。在这个框架下，职业经理人的角色和职责变得更加明确和专业化。

为了更好地适应这种新的管理架构，美的集团启动了"打造职业经理人队伍"的管理咨询项目。在专业咨询公司的协助下，美的正式将职业经理人分为三类：内部企业家、职业经营者和专业管理者。内部企业家主要包括集团和各二级集团的第一负责人，他们负责制定和执行长期增值战略，拥有较大的决策权。职业经营者则着重于一级经营单位的日常运营和业绩表现，直接对业务成果负责。专业管理者负责特定职能领域的专业管理工作，支持企业的整体运营。这一分类不仅明确了各类管理人员的角色定位和职责范围，也为他们的职业发展提供了清晰的路径和目标。

通过这种分类管理，美的集团不仅加强了对职业经理人的绩效考核和激励，还显著提高了管理效率和决策质量。2006年之后，美的集团还相继出台了一系列规章制度，进一步规范了职业经理人行为，强化了诚信和职业操守等价值观的内化。

五

2011年下半年，美的集团在持续高速发展的过程中开始自我反思，意识到之前的增长模式存在的问题，决定主动踩下刹车，重新审视和调整其发展战略。

2012年，随着方洪波接手集团，美的集团启动了有史以来最大规模的战略转型。这一系列措施包括退地、关厂、裁员、砍业务、减品类在内的措施，并在干部管理方面实施了一致性管理，通过大幅精简干部队伍，来提高管理效率。通过取消副职干部、精简组织模块、推动干部轮岗等措施，打破了过去长期形成的条块分割和利益固化的局面。同时，美的集团加强了对干部的思想改造和能力提升，激励干部主动适应转型、变革和成长的需求，培养了一批既能够理解集团战略，又具备执行力的新型干部。

这一阶段的变革，美的集团成功构建了一个更加紧密、高效、有韧性的组织结构，为后续的全球化发展和市场竞争提供了坚实的基础。

## 六

到了 2017 年，美的集团的规模已经突破 2000 亿元，并最终达到 2419 亿元，全球化经营的步伐加快，陆续将德国库卡、日本东芝家电、以色列高创、意大利 Clivet 等国际知名企业纳入麾下。

在数字化转型方面，美的开始步入 2.0 阶段。面对智能家居、工业技术、楼宇科技、机器人与自动化、数字化创新五大业务板块的发展要求，特别是明确向科技集团转型的战略后，美的意识到干部管理必须进行相应的变革，以支持战略目标的实现。

2020 年，美的集团做出了重要决策，改变了沿用近 20 年的 M（管理类）、P（专业类）、O（操作类）职级体系，推行了新的 23 级职级体系，实现了全员职级的拉通管理，并重新搭建了任职资格体系。这意味着，对于 18 级以上的职级评定，都必须经过集团的答辩评估，晋升还必须全票通过。此外，美的集团在股权设计上加大了激励绑定，持续推出了事业合伙人、全球合伙人、限制性股票等多种激励方式，有效激发了职业经理人的积极性和创造性。在绩效考核方面，从年度的经营目标责任制扩大到三年的经营目标责任制，并开始推行目标与关键结果法（OKR）等方式，加大了对过程管理的关注，确保了结果的完成。

通过这些变革，美的集团的干部管理实现了体系化、精细化和长效化，不仅提升了内部管理效率和执行力，也为美的集团在全球市场上的持续竞争和发展提供了坚实的人才支持和管理保障。

# 华为：沿着"点线面体"实现持续升维

一

华为从一个小型的技术创业公司发展成通信行业的巨头，其组织架构的进化是一段引人入胜的历程。

在华为的发展初期，公司采用的是直线型组织结构，此时的华为可以被视为"点"的阶段。所谓"点"，就是指企业在组织架构上处于最简单、最初级的阶段，像一个点一样集中且简单。

1987年华为成立时，业务主要围绕通信设备的代理销售。这种小规模、单一业务的运作模式适合直接、快速的决策路径，因为所有决策都直接向任正非汇报，响应速度快、操作简便。然而，随着业务的扩展和市场的深入，这种组织结构的局限性开始显现，特别是在处理复杂业务和多层级管理需求时显得力不从心。

华为的第二阶段，即"线"的阶段，标志着组织结构向职能型组织的转变。

从1991年开始，随着华为进入自主研发阶段和员工数量的增加，公司建立了市场、制造、财务、行政等职能部门，实现了管理和业务的专业分工。

这一阶段的"线"，代表了华为从单一的点状结构扩展到具有多个功能职能部门的线性结构，每一条"线"都是职能部门的象征，它们之间既相互独立又紧密协作，以支持公司的快速发展和市场扩张。此时的华为，其组织结构更加清晰，管理层次更加分明，大大提高了组织效率和业务的专业性。

## 二

随着华为从直线型和职能型组织结构的成功转型，公司迎来了组织发展的新阶段——"面"的探索。

1996—2005年，随着华为业务的快速扩展和市场需求的日益多样化，公司面临着越来越多的跨部门协作和资源配置问题。在这一背景下，华为采用了弱矩阵型组织结构，标志着组织架构进化的"面"阶段的开始。

在这一阶段，"面"的概念体现在华为试图通过纵横交错的管理路径，实现各职能部门之间更为灵活的沟通和协作。"面"使得组织不再是简单的点线结构，而是形成了一个更加复杂、动态的管理网络，能够更好地应对复杂多变的市场环境。

在弱矩阵组织中，项目经理拥有项目的执行权，但对资源的控制相对较弱，因此依然需要依赖职能部门的配合。这种模式在一定程度上增强了跨部门间的合作，提升了项目执行的灵活性，但同时也暴露出在资源控制和决策效率方面的不足。

面对弱矩阵带来的挑战和限制，华为进一步深化组织结构的变革，探索平台型组织的雏形。在这一过程中，产品线的独立和事业部的尝试成为关键举措。华为将不同的产品和技术领域划分为独立的产品线，每个产品线负责从研发到市场推广的全链条管理。同时，华为也尝试通过事业部制的引入，进一步加强市场和客户导向。每个事业部针对特定的市场领域或客户群体，实行自主经营、自负盈亏，从而提高了市场响应速度，增强了客户服务的灵活性。

## 三

华为的组织结构经历了从"点"到"线"再到"面"的演变后，逐步

**商业进化力**：寻找新质逻辑

进入了其成熟阶段——"体"。

从2006年开始，华为进入了强矩阵型组织阶段，这一转变意味着项目经理在项目资源配置和决策上拥有了更大的权力和控制。与此同时，职能部门仍然负责提供专业知识和资源支持，但在项目执行过程中，项目经理的角色和影响力显著增强。

在这一阶段，"体"的概念得到了深入的体现，华为的组织结构变得更加立体和多维，能够在保持职能专业性的同时，实现跨职能、跨部门的高效协作和资源共享。

2014年至今，华为全面推进了平台型组织结构的建设，将项目制管理和平台化战略作为组织运作的核心。在这一阶段，华为不仅加强了对项目管理的标准化和系统化建设，还通过建立多个功能平台，如研发平台、供应链平台和市场营销平台等，实现了资源和能力的集中管理和高效配置。

平台型组织的核心，在于通过平台的建设和运营，搭建起一个能够支撑快速决策、灵活响应市场变化、促进技术创新和业务协同的组织架构。在这一模式下，华为能够更好地整合内外部资源，发挥平台的规模效应和协同效应，来推动公司在全球市场中的竞争优势进一步增强。

通过从"点""线""面"到"体"的组织升维过程，华为的组织进化是在不断的技术创新、市场导向、内部管理与流程优化中逐步成形的。这些关键因素不仅推动了华为从一个小型技术企业发展成全球通信领域的领军企业，也为其组织结构的持续升维提供了坚实的基础。

# 娃哈哈：从传统制造到数字化转型

## 一

1987年，杭州街头，38岁的宗庆后揣着借来的14万元，开始了他的创业之旅。彼时，改革开放的春风吹拂神州大地，市场经济的活力正逐渐释放。敏锐的宗庆后嗅到了机遇，他将目光投向了当时尚处于空白的儿童营养品市场。

在那个年代，儿童营养品匮乏，许多孩子因营养不良而体弱多病。宗庆后看到了这个巨大的市场需求，决心抓住这个机遇。他将多年积累的积蓄和借来的14万元全部投入，在杭州创办了杭州娃哈哈营养食品厂。

娃哈哈的第一个产品是"娃哈哈营养口服液"。为了研发这款产品，宗庆后带领团队夜以继日地攻关、反复试验，最终研发出配方独特、口感良好的营养口服液。

1988年，"娃哈哈营养口服液"正式上市。凭借过硬的产品质量和强大的宣传攻势，这款产品一经推出便迅速打开了市场，成为当时风靡全国的"明星产品"。娃哈哈也由此一炮而红，成为中国营养品行业的领军企业。

此后，娃哈哈又相继推出了"娃哈哈AD钙奶""娃哈哈纯净水""娃哈哈八宝粥"等一系列深受消费者喜爱的产品。娃哈哈也由此成为中国营养品行业的领军企业。

产品成功之后，宗庆后着手建立了强大的销售网络。他采取了"先铺市场，后建工厂"的策略，带领娃哈哈的销售人员走遍全国各地，建立销售网点。从城市到农村、从大街到小巷，娃哈哈的足迹遍布全国。

在生产模式上，娃哈哈早期主要采用原始设备制造商（Original Equipment Maunfacturer，OEM；代工；贴牌）模式，即委托其他厂家生产产品，娃哈哈负责品牌营销和销售。这种模式使得娃哈哈能够快速扩张产能、降低生产成本，为快速发展奠定了基础。

短短几年时间，娃哈哈从一家小作坊发展成拥有数十家工厂、年销售额数百亿元的大型企业，成为中国民营企业的典范。

二

21世纪以来，互联网技术迅猛发展，娃哈哈也面临转型升级的压力。

首先，娃哈哈依靠传统的线下经销商模式进行销售，存在效率低下、成本高昂等问题。其次，娃哈哈的生产模式还停留在传统的粗放模式，在生产过程中，娃哈哈需要大量的工人进行人工操作，这不仅增加了生产成本，也降低了生产效率。最后，娃哈哈的管理体系还比较僵化，难以适应快速变化的市场环境，如决策流程过长，难以快速应对市场变化。

面对互联网时代的新挑战，娃哈哈提出了"数字化转型"战略。其创始人宗庆后多次强调："数字化是未来，娃哈哈必须转型。"娃哈哈成立了数字化转型领导小组，由宗庆后亲自担任组长，并制订了详细的数字化转型方案，目标是以数字化技术为支撑，打造一个产品数字化、营销数字化、生产数字化、管理数字化的"数字化娃哈哈"。

为此，娃哈哈的数字化转型采取了"三步走"战略。

第一步就是以营销数字化为突破口，构建"新零售"模式。

娃哈哈传统的营销模式是以线下经销商为主，这种模式虽然建立了广泛的销售网络，但也存在效率低下、成本高昂等问题。为了适应互联网时代的新需求，娃哈哈数字化"新零售"模式的具体措施包括：

1.建设"娃哈哈云商"平台，打通线上线下销售渠道，实现全渠道融合。

2. 与阿里巴巴、京东等电商平台合作，拓宽线上销售渠道。

3. 利用大数据分析，精准定位目标客户，进行个性化营销。

2017年，娃哈哈上线了"娃哈哈云商"平台，整合了线上线下资源，为消费者提供一站式购物体验。平台上线一年内，交易额突破100亿元。

第二步，推进生产数字化，实现智能制造升级。

娃哈哈的生产模式还停留在传统的粗放模式，生产效率低下，成本居高不下。为了提高生产效率和产品质量，娃哈哈数字化智能制造升级的具体措施包括：

1. 建设智能工厂，采用自动化生产线和机器人，提高生产效率。

2. 实施数字化管理，对生产过程进行实时监控和优化。

3. 利用大数据分析，预测市场需求，优化生产计划。

2018年，娃哈哈投资10亿元建设智能工厂，采用自动化生产线和机器人，生产效率提高了30%，产品质量也得到了提升。

第三步，构建数字化管理体系，提高管理效率。

娃哈哈之前的管理体系比较僵化，难以适应快速变化的市场环境。为了提高管理效率，娃哈哈积极构建数字化管理体系。其具体措施包括：

1. 实施数字化办公，实现无纸化办公。

2. 建设数据中心，统一管理数据资源。

3. 利用大数据分析，辅助决策。

2019年，娃哈哈实施了向数字化管理体系的升级，对采购、生产、销售、库存等环节进行数字化管理，管理效率提高了20%。

三

娃哈哈数字化转型取得了显著成效。在运营效率方面，生产效率提高30%，管理效率提高20%；在成本方面，生产成本降低10%；在市场方面，其竞争力得到了极大增强，市场份额提高5%。

娃哈哈的数字化转型为传统制造企业的转型升级提供了宝贵的经验和启示：一是数字化转型过程中始终坚持实体经济；二是转型过程中不断创新营销模式、生产模式和管理模式，以适应互联网时代的新需求；三是转型需要强有力的领导；四是大力培养数字化人才队伍，为转型提供人才支撑；五是要积极营造数字化文化，为整个转型过程提供文化支撑。

娃哈哈的数字化转型实践表明：数字化转型是传统制造企业实现转型升级的重要途径。

# 腾讯、滴滴、快手：开启新一轮组织变革

一

新冠疫情之后，互联网行业迎来了剧烈的变化，长久以来依赖的流量红利逐渐消失，市场进入了更为成熟和理性的阶段。在这个阶段，单纯依靠流量获取的增长策略已不再有效，企业需要寻找新的增长点。同时，用户需求也发生了转变。新冠疫情期间，人们的生活方式和消费习惯经历了重大调整，线上服务成了生活的重要组成部分，这不仅提高了用户对线上服务质量的期望，也为互联网企业提供了新的发展机遇。

在这样的背景下，企业面临着新的挑战。竞争格局的重塑要求企业必须具备更快的响应速度和更强的市场适应能力。同时，对高效运营的需求显著增加。企业需要在保证服务质量的同时，优化成本结构，提高运营效率。

腾讯、滴滴、快手、字节跳动等企业通过组织变革，展示了其对市场变化的敏锐洞察和强大的执行力。腾讯通过优化内部结构，增强了业务协

同能力，提高了整体运营效率。滴滴则通过新的架构调整，更加聚焦于核心竞争力的培养和未来发展方向的探索，以期在新的市场环境下保持领先地位。快手通过调整组织架构，希望能够更好地适应市场变化，捕捉新的增长机会。字节跳动则通过调整业务结构，加大对人工智能技术的投入，并在全球范围内寻求更广泛的用户连接，以巩固其在内容平台的领导地位，并为探索新的增长领域和商业模式奠定基础。

## 二

腾讯的组织架构调整，旨在通过增强业务间的协同效应和提高整体运营效率，来应对日益激烈的市场竞争。

为此，腾讯对其庞大的业务体系进行了重新分组，将相关业务集中到特定的群组内，以实现更加精细化的管理。这不仅涉及对核心业务如社交、游戏和支付的进一步加强，也包括对新兴业务领域如人工智能、云计算等的积极孵化。这一战略性的内部调整，不仅优化了公司的资源配置，提高了腾讯对快速变化市场环境的适应能力，还进一步巩固了其在全球互联网领域的领先地位。

滴滴的组织变革，紧紧围绕对未来技术趋势和市场需求的敏锐洞察而展开，特别体现在其对新架构的调整和对创新技术的深度探索上。通过重新梳理和优化组织结构，滴滴不仅增强了其技术研发的实力，还在人工智能和大数据处理领域，提高了数据运营的效率，确保了服务的个性化和高效率。同时，滴滴也积极开拓国际市场，通过与当地企业开展战略合作，成功进入多个国家和地区，在全球范围内扩大了其业务版图。这一系列深度的变革，不仅进一步巩固了滴滴在国内的市场领先地位，提高了品牌影响力和用户满意度，也为其全球化战略的实施注入了新的活力。

快手的组织架构升级，是对其持续创新和增强市场竞争力承诺的明确体现。通过精心设计的内部调整，快手不仅成功地实现了资源的优化整合，

**商业进化力**：寻找新质逻辑

还显著提高了决策流程的效率，确保了公司能够迅速响应市场变化并持续推出创新产品。特别是在短视频和直播两个极具竞争力的领域，快手通过这次组织变革，不仅稳固了其市场领导地位，也在内容多样性、用户体验优化上取得了显著成效。此外，这次架构升级还为快手探索新的商业模式和增长机会提供了强有力的支持，如通过 AI 技术深化内容推荐的个性化，以及开拓电商直播等新兴业务领域，从而在激烈的市场竞争中保持快速增长的同时，也为公司未来的多元化发展奠定了坚实的基础。

三

在互联网行业的新一轮组织变革中，腾讯、滴滴、快手等企业的案例揭示了几个共性的策略。

首先，聚焦核心竞争力成为这些企业变革的核心理念。通过资源重组和发展聚焦，这些企业能够更有效地分配其内部资源，优化业务结构，确保在其擅长和具有竞争优势的领域实现深度开发和增长。同时，加强前中后台的融合，促进了业务流程的高效运作，从而在市场上保持了领先地位。

其次，推动技术和业务的深度融合是这些企业变革中的又一显著特点。技术驱动成为创新引领的关键，这不仅体现在产品和服务的创新上，也体现在通过技术改进内部运营效率和决策流程的方式上。业务与技术的双轮驱动，确保了企业能够在快速变化的市场环境中保持敏捷和竞争力。

组织架构的动态调整体现了这些企业对内部管理和市场适应性的重视。通过不断优化和调整组织结构，企业能够快速响应市场变化，同时也促进了企业文化的重塑和团队精神的提升。架构的灵活性与适应性成了企业快速发展和持续创新的重要保障。

## 跋　社会发展的本质是人的进步

我自觉并不是走在时代最前沿的"先锋",在人人都执着于当网红、做直播,甚至靠着激烈行为或言论出圈而博"眼球"的时候,我还是对一笔一画的文字砌成的内容怀着初心般的崇敬,"落后"于时代表达,是一个知识分子特有的"优雅",也是我们这一代人对这个时代的执念。

我一直在犹豫,要不要写作与出版这本书。

一方面,重回母校北京大学读工学博士,是我作为文科生的一次艰难转变,思维逻辑与数理认知需要重构,此"力"非彼"力",实感自己如同大海里的一粒沙,无力又渺小。

另一方面,近年来我大多数时间都在从事社团公益事业,缺少对商业底层逻辑的深刻认识,很多都只是想当然的理解和自以为是的判断,担心出书成著误人子弟、混淆视听,让自己沦为笑柄。

但当夜深人静时,我都会沉浸在对通用人工智能即将到来的遐想中。在我眼前,有时会出现这样的幻象:亲人们通过时间机器归来,那些我们曾以为永远失去的面孔,再次出现在我们的生活中。我与他(她)们凝神相望、深情相拥,仿佛时间和空间的界限在这一刻消融。

这又驱动我想去探索、表达和发现,不仅仅想分享企业在数智浪潮中的进化策略,更想探讨技术进步背后的人性光辉。随着数智经济时代的到来,人类站在了一个新的历史节点上,面临技术和人性的双重挑战与机遇。

这些想法，也增加了我把这本书写出来呈现给世人的勇气。

我好像通过"天线"接收到了那来自未来的信号，它们源源不断地传输到我的键盘上。

在跨界混搭融合增长的今天，我发现自己也有幸是这种进化的代表，从在国企的按部就班和亦步亦趋地追求晋职，到下海创业的血雨腥风，再到对新商业模式搭建的懵懂探索，以及今天对社会公益服务的沟通和资源共享，我的事业与人生，也在这个变革的时代处处打卡留痕，时时进化。有时候，夜深人静仍喜欢写诗弄文，对文字的热爱和思想的追逐，成了我生命的一种方式。

在忙碌的日常中，我很少有机会停下脚步去想象一个完全不同的未来。但可以预想，未来的第五次工业革命，很可能是开启便携式新能源的时代。尽管第二次工业革命引领了电力的广泛应用，但在便携能源方面仍未取得根本性突破，导致汽车、飞机、船只等依旧依赖于燃油和煤炭。然而，自然界的生物体展示了一种独特的能量自给自足的机制，如生物能够借助简易且普遍的自然资源持续产生能量，而无须复杂的比例调配或严苛的化学环境。

如果不是因为写书，我可能仅仅专注于眼前的生意与事物，不会思考商业的历史、时代的发展与人的种种问题，是文字给了我升维的机会，让我从一种现象看到很多本质的问题。

科学、技术、商业的最终目的都是服务于人类，让我们的生活更加丰富多彩，让美好得以延续，甚至创造出超乎想象的可能。在数智经济时代，我们或许能够突破时间和生命的秘密，实现人类的梦想。

正如我在本书中所探讨的，面对快速变化的商业环境和技术革新，我们需要不断学习、适应，并勇于创新。但在这一切的背后，更不应忘记技术的发展和商业的进化，最终都是为了提高人类的生活质量，实现人性的光辉。

最后，我要深深地感恩。

谢谢我的老家，山东人的性格铸就了我性格的底色和人生的底层逻辑；谢谢秦皇岛，这个天开海岳的地方，给了我职业生涯的起步与苦涩追逐；谢谢北京，使我获得了人生突飞猛进的发展；谢谢武汉，成就了我人生的意外转折，让我的思想更上了一层楼。我庆幸，一直在不懈努力，在多维成长，在寻找高度和意义，于我而言，享受人生的方式就是不断地进步。

感谢我已经过世的父母，尤其是我已故的母亲张以秀，她还是我人生的第一位老师；感谢我的师长；感谢所有支持和帮助我的家人、朋友、同事和合作伙伴；也感谢历练过我的对手，你们使我更有力量。

希望本书不仅能成为您在商业旅程中的一个旅伴，能够点燃大家的思想，更能激发你们对未来可能性的无限想象。就让我们一起面对未知，抓住时代赋予的机遇，同时勇敢探索新的可能，让技术发展更好地服务于人类，实现我们共同的梦想和目标。

刘萌<br>2024 年 6 月 2 日于武汉沙湖畔